U0010336

太子爺興外境
——神威遠播三鳳宮

尋找老三民的足跡

高雄市文化愛河協會 許玲齡 著

高雄市立歷史博物館

開啓高雄文史工作
的另一新頁

文化是人類求生存過程中所創造發明的一切積累，歷史則是這段過程的記載。每個地方所處的環境及其面對的問題皆不相同，也必然會形成各自不同的文化與歷史，因此文史工作強調地方性，這是它與國史、世界史的差異所在。

高雄市早期在文獻會的主導下，有部分學者與民間專家投入地方文史的調查研究，也累積不少成果。唯較可惜的是，這項文史工作並非有計畫的推動，以致缺乏連貫性與全面性；調查研究成果也未有系統地集結出版，以致難以保存、推廣與再深化。

2010年高雄縣市合併後，各個行政區的地理、族群、產業、信仰、風俗等差異更大，全面性的文史工作有必要盡速展開，也因此高雄市政府文化局與歷史博物館策劃「高雄文史采風」叢書，希望結合更多的學者專家與文史工作者，有計畫地依主題與地區進行調查研究與書寫出版，以使高雄的文史工作更具成效。

「高雄文史采風」叢書不是地方志書的撰寫，也不等同於地方史的研究，它具有以下幾個特徵：

其一、文史采風不在書寫上層政治的「大歷史」，而在關注下層社會的「小歷史」，無論是一個小村落、小地景、小行業、小人物的故事，或是常民生活的風俗習慣、信仰儀式、休閒娛樂等小傳統文化，只要具有傳統性、地方性與文化性，能夠感動人心，都是書寫的範圍。

其二、文史采風不是少數學者的工作，只要對地方文史充滿熱情與使命感，願意用心學習與實際調查，都可以投身其中。尤其文史工作具有地方性，在地人士最瞭解其風土民情與逸聞掌故，也最適合從事當地的文史采風，這是外來學者所難以取代的。

其三、文史采風不等同於學術研究，書寫方式也與一般論文不同，它不需要引經據典，追求「字字有來歷」；而是著重到田野現場進行實際的觀察、採訪與體驗，再將所見所聞詳實而完整的記錄下來。

如今，這套叢書再添《太子爺興外境——神威遠播三鳳宮》乙冊，爲高雄的文史工作開啓另一新頁。期待後續有更多有志者加入我們的行列，讓這項文史工作能穩健而長遠的走下去。

「高雄文史采風」叢書總編輯

謝貴文

尋找城市前進的動力

　　高雄是個充滿熱情、創意、活力的現代都會，也是個具有深厚歷史底蘊的文化城市。

　　在漢人尚未移民到這塊土地時，高雄地區即有馬卡道族人活動的蹤跡，留下諸如「小溪貝塚」等重要遺址。荷據末期，荷軍遭鄭氏部隊擊退後，曾在打狗南岸海汕地區集結，而留有「紅毛港」的地名。明鄭時期，鄭氏部隊插竹為社，斬茅為屋，前鎮、後勁、左營、右衝（昌）等地為其軍事屯墾區。

　　清領時期，清廷在左營興築舊城，為臺灣第一座土城，亦為第一座石城，與鳳山新城合譜「雙城記」。清末打狗開港，郭德剛、史溫侯、馬雅各、萬巴德等人引進西方的宗教、醫學與科學，高雄成為臺灣與世界接軌的窗口。

　　日治時期，隨著高雄港築港工程、縱貫鐵路的通車，臺灣煉瓦會社打狗工場、淺野水泥株式會社等在此設廠，高雄一躍而為全臺的工業重鎮，臨港的哈瑪星也成為現代化城市的起點。

　　戰後時期，鋼鐵、造船、石化等重工業在高雄蓬勃發展，加工出口區的設立，吸引大量的就業人口，高雄成為外地移民的新故鄉；而生猛有力、勇於挑戰的城市性格，也造就其「民主聖地」的稱號。

2010年縣市合併後，高雄成為全臺土地最大，人口居次的都會，三十八個行政區各有特色，有閩南、客家、外省、原住民等族群；佛教、基督教、天主教、一貫道等宗教聖地；工、商、農、漁等產業；山、海、河、港等景觀，使城市更具有多元的魅力。

　　歷史不能遺忘，文化必須保存，城市才能進步向前。這些先民所走過的歷史足跡、求生存過程中形成的風俗習慣、人與土地互動所積澱的文化資產，都是城市前進的動力；唯有更積極去發掘、書寫、推廣各地的文史，方能找出多元豐美的地方特色，指引城市發展的方向。

　　高雄市政府文化局與市立歷史博物館所策劃的「高雄文史采風」叢書，已陸續出版許多精彩主題的專書，為城市的文史建構作出貢獻。此次，又有《太子爺興外境——神威遠播三鳳宮》一書面世，介紹本市老聚落三塊厝及名聞遐邇的庄頭廟三鳳宮民間節慶活動，包括此區交織三百年的庶民生活與場景，將三塊厝民情特色與文化傳統等廣為宣揚。本人非常高興高雄市的人文風情又多一份紀錄被保存，在此除感謝作者與有關同仁的辛勞外，也期待有更多文史同好、學者或專家投入文史采風的工作，為高雄找到前進的動力。

高雄市長

陳　菊

奠定文化建設的基石

　　從常民生活出發，保存及活化文化資產，為城市留下動人的歷史記憶，是本局推動文化建設的重要理念。而歷史記憶需要被傳承，無論是透過集體記憶、口述傳統，還是文字書寫，歷史應當被視為一種文本（text）或言說（discourse），經由開放式的詮釋與對話，不斷創造出社群的傳統，並賦予作為社群一份子的個人生命的底蘊與意義。

　　作為一個城市歷史保存、書寫的官方機構，高雄市立歷史博物館在過去數年陸續推動史料集成系列叢刊的復刻與新編，為後續的歷史研究打下紮實基礎。此外，史博館也同時推動由民間參與歷史書寫的工程，以徵文的方式獎勵有志於紀錄一人、一家、一區、或是一市的點滴過往或是常民記憶，彙集出版成「高雄文史采風」系列叢書，目前已有《羅漢門迎佛祖》、《高雄林園鳳芸宮媽祖海巡》、《藝之鑿鑿—木雕國寶葉經義》、《內門鴨母王朱一貴》、《紙天化地》、《土地‧生活詩篇——大岡山常民影像暨劉國明攝影集》等精彩作品。此次再添新作《太子爺興外境——神威遠播三鳳宮》一書，接續之前出版的《羅漢門演藝》，本書追尋老三民三塊厝的發展足跡，從老聚落信仰談到老車站、老三塊厝人、特色

產業發展及老街，並歷經轉型而成為極富自然與人文風情的特色區域，相信閱讀本書之後就能細細領會風華鼎盛的高雄老三民地區。

　　謹代表高雄市政府文化局，願每位關心土地、熱愛高雄的朋友都能撥冗一覽本書。我們也期許未來「高雄文史采風」叢書將會結合更多的學者專家，能人志士，有計畫地撰寫與出版文史專書，讓文化建設有源源不絕的養分，在高雄的土地上扎根茁壯。

高雄市政府文化局局長

【作者序】

追尋三塊厝的歷史足跡

　　從小就著迷聽故事，尤其甚喜聆聽父執輩口述高雄在地傳說、地方風情、人物傳奇等；而在長輩閒談論事之中，總以「好額人」、「讀冊人眞濟」來形容三塊厝這老聚落，也經常提及三塊厝中街、太子爺廟等，這是孩提時期對「三塊厝」這地名懵懂的記憶。

　　1994年因緣際會，與一群有著共同理念，爲勾勒愛河美麗生態環境與推動城市文化願景的藝術家、文化工作者籌組「文化愛河協會」，爲了凝聚這百年來快速成長，以外來人口居多的都會子民對高雄的情感，在環境文化推廣活動中，建構高雄城市的歷史發展，愛河、高雄港在港市互生的重要關鍵等，編寫文史教材，舉辦文史生態環境講座，是文化愛河協會的重點工作。而興趣始然，從協會一成立，我即投入愛河及河兩岸聚落文史田調工作迄今。

　　2002年爲了保存高雄第一座百年磚窯廠，文化愛河協會聯合高雄在地文化、生態、環保社團，向高雄市政府相關局處，包括工務局、都發局、文化局提出將中都唐榮磚窯廠列爲古蹟的呼籲。而爲了建構這位於三塊厝老聚落郊區百年磚窯廠的發展淵源，展開磚仔窯人口述歷史訪談並深入調查與其有地緣關係三塊厝老聚落的歷史。

每個聚落都有其特色的人文故事，三塊厝自不例外，這個從小就讓我有好額郎、讀冊郎真濟印象的老聚落，人文故事更精彩！

　　從墾殖三塊厝的王、鄭、蔡三姓，迄今仍是三塊厝具影響力的老家族，而老高雄人稱之三塊厝太子爺廟，從南方式樣小廟的三鳳亭，到巍峨雄偉的三鳳宮，不只是高雄第一座高樓層北方宮殿式樣廟宇建築，設計的謝自南先生也因而聲名大噪。遷建於截彎取直的二號運河邊的三鳳宮也因廟庭寬廣而來此祈請分香的太子爺神威遠播，三塊厝人總說「太子爺興外境」。更傳奇的是迴異於一般廟宇，三鳳宮的信徒，是以日治中葉時期呈臺灣總督府請願書上的連署人的子女繼承制產生，而當年不畏殖民政府強權的據理請願，是對於守護三塊厝的太子爺信仰的虔誠與誠敬之心！

　　高雄市文化局與歷史博物館策劃「高雄文史采風」叢書，為了將打狗這墾殖已近三百年的老聚落精彩的聚落文史、傳奇故事能為之傳承，特將十餘年來口述訪談、田調工作等記錄集結成冊，冀望《太子爺興外境——神威遠播三鳳宮》一書，能為城市的文史建構、老聚落的精彩故事傳承盡一份心力。

高雄市文化愛河協會

許玲齡

目 次
Contents

Introduction 導言

Chapter I 尋找老三民的足跡

Chapter2 三塊厝火車站ㄟ故事

Chapter3 三塊厝工業區──中都百年發展史

Chapter 4 三塊厝的國定古蹟

Introduction
導言

　　每年太子爺聖誕，對三鳳宮的信徒而言，是最重要的慶典。慶讚聖誕的儀式，從老廟三鳳亭時期就已經有完整的流程記載，到現在仍不曾改變，一絲不苟的執行著先祖留下的慶典儀式……

認識三民

　　早期舊名「三塊厝」。明鄭時代，有王姓在「橋頭」、蔡姓在「海墘」、鄭姓在「後角」等地開墾，遂取名為「三塊厝」。戰後，改稱今名「三民」。三民區包括三塊厝、新大港、灣仔內、寶珠溝、本館、獅頭、覆鼎金等七大地號名與聚落。全區地勢低平，最高點為金獅湖附近的獅山（36.9公尺）。本區生活樣貌多樣，擁有全市最多的學校，可領受此區的文教之風。其他如老市場、商店街，及歷史景點和新興河堤社區，讓三民區呈現出文化多元風情。

中都願景橋

文化園區

　　近年唐榮磚窯場停產後成為國定古蹟文化園區，讓三民區工廠林立的既定形象有了轉變。未來預定復站的三塊厝譯、經過古蹟修復後古色古香的木造站房，再結合三鳳中街年貨商圈，都能看見三民區再造後的新亮點與新契機。

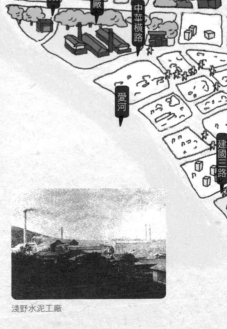

中都遊客中心
中都濕地公園
同盟三路
九如新村
九如三路
開王殿
磚窯廠
中華橫路
愛河
建國三路

幸福川

實業家陳中和興辦的物產株式會社之精米廠

淺野水泥工廠

三塊厝的鐵道文化

　　1907年（明治四十年）鳳山、九曲堂鐵道延伸工程橫跨愛河鋪設，築起了愛河上第一座鐵路橋，在三塊厝設立了簡易招呼站，1908年二月一日正式營運。三塊厝驛很快成了前金、鹽港庄、五塊厝等地客貨運的主要車站，讓三塊厝郊的工業地吸引了當時新式工業的進駐。除了原本在三塊厝郊設廠的鮫島煉瓦，及南興實業公司現代化碾米工廠（1903年），相繼在此設廠的還有酒精株式會社（1913年），全臺第一座自動化機器製罐設備的東洋製罐株式會社（1922年），燒製石灰的大江組石灰窯，及打狗第二火力發電廠（1923年）等。

　　林立的工場，讓三塊厝的人口快速增加。三塊厝驛也成為工廠運輸原料、燃料、產品的進出口站，站務繁忙，當年三塊厝驛的搬運工即多達一、兩百人，形成工商業繁忙、多元化移民的鐵道文化。1923年（大正十二年）新蓋木造站房啟用，日本親王曾親臨剪綵。

凹子底

水肥

川

開帝廟

排子路池

高雄通信隊

台湾煉瓦工場

三六司令部

三塊厝

中学校

精工場

導言

1 太子爺興外境
　　——神威遠播三鳳宮

慶讚太子爺聖誕

天剛濛濛亮，穿著長袍馬褂的三鳳宮董事們，有男有女，有老有少，已群集於三鳳宮寬敞的廟埕，農曆九月初九，是三塊厝的守護神三太子爺的聖誕，大家等著六點整開廟門，準備進行隆重的儀典，為太子爺祝壽。

每年太子爺聖誕，對三鳳宮的信徒而言，是最重要的慶典。慶讚聖誕的儀式，從還在建國路的老廟三鳳亭時就已經有完整的流程記載，到現在不曾改變，從上香、董事長讀祝壽文、繞行廟埕，到象徵性分沾享用太子爺福澤的肉脯，一絲不苟的執行先祖留下的慶典儀式。

慶讚聖誕儀式結束後，全臺各地的神輦、陣頭、八家將、車鼓陣等，就從廟埕前擺開最敬禮的儀式，依序向太子爺祝壽或進香。高亢的北管曲牌、喧天的鑼鈸響鼓迴盪於廟埕廣場；霹靂啪啦的火花煙硝淹沒了人群的視線；華蓋、五彩旗幟飛揚於神轎左右前後。廟埕前擺開陣勢的八家將腳步陣勢威嚴嚇人；車鼓陣揹著大小鼓，勁衣短褲的姑娘們在咚咚的鼓聲中搖擺有緻；而勁爆的電音三太子新潮的街舞踏步，掀起了圍觀人潮如雷的掌聲，這是民間的宗教嘉年華會呢！

為太子爺祝壽慶讚的儀典，對三鳳宮執事者而言，不只是九月初九當天的慶讚祭典而已，從太子爺聖誕的前兩天（農曆九月初七），一大早三鳳宮董事長率領董監事及誦經團，隆重的送「大帖」到龍水的化龍宮為太子爺祝壽；初八，三鳳宮的神輦及八音儀隊等，將化龍宮的太子爺金身及神馬坐騎迎到三鳳宮看大戲；等到初九聖誕慶讚結束後，初十早上九點前，又以八音儀隊將太子爺金身奉回化龍宮，而且還打一面大金牌、一份大紅包致送化龍宮，會有如此儀式，乃因龍水的化龍宮是三鳳宮的祖廟。

到龍水化龍宮請太子爺至三鳳宮聽戲／陳淑端提供

太子爺興外境

「太子爺興外境」——巍峨的三鳳宮與低矮的祖廟化龍宮對照之下，三鳳宮的前董事長蔡財源笑著說：「有這樣子的說法，太子爺是武將，需要有寬廣的地方操兵，三鳳宮的廟埕夠大，因此太子爺更顯神威。」三太子不只庇護三塊厝人安居樂業，神威更遠播全臺，從各地前來祝壽的陣頭便可知。而平常的日子，遠從北中南各地寺廟前來的進香團絡繹不絕。「三鳳宮在民國五十一年尚未搬遷過來時，是三塊厝的地方廟，搬到這裡改稱三鳳宮，已經不只是三塊厝的地方廟，而是全臺有名」。

對老三塊厝人而言，三鳳宮有極為特殊的意義。日治初期，日本政府為了掌控政權，從明治三十二年以府令頒布「說教所建立廢合規則」，開始對宗教寺廟機關加以管理。同年又隨之頒布第五十九號令「舊慣之社寺廟宇建立廢合手續」，對臺灣舊式寺廟齋堂之建立，神明會、祖公會等實行管理。1937年（昭和十六年）中日戰爭爆發後，大力推行「皇民化運動」。為逼迫臺民祀奉天照大神、參拜神社，遂廢止傳統寺廟、焚燬民間信仰神像、沒收廟產收歸政府管理等一連串打壓臺灣民間信仰的皇民化政策。三塊厝的子民們感念太子爺是先祖辛辛苦苦從原鄉揹移過來，因此地方士紳發起連署申請書，寄到了臺北的總督府，連署書以太子廟為地方廟，應由地方人士管理較為妥當而據理力爭，於是獲得總督府善意的回應，目前這份連署書還珍貴的保管於三鳳宮的保險箱裡呢！

　　迥異於一般廟宇信徒代表的產生，三鳳宮的信徒代表是由繼承制選出。信徒代表繼承自日治時期連署書上四個角頭（海墘、後溝仔、橋頭、北角）的連署人及其後代繁衍的子孫，原本連署的一百多人，到現在列名信徒名冊的已將近千人了。不過自古重男輕女的現象，在三塊厝這個老聚落還是非常明顯，往昔女性不能繼承為信徒代表，近來女權高漲，才修改為若信徒家中未出男丁只生女兒，女兒可繼承，但一戶中也只可由一名女性繼承。

　　以往太子爺聖誕時，是三塊厝人的嘉年華會，全庄總動員，青壯的男丁要扛神轎繞境，除了三塊厝庄四個角頭，還繞行到鰱港庄保安宮聯誼一番，即便是小孩子也要跑龍套湊一腳。而家家戶戶設神案辦流水席，不管認不認識，只要經過三塊厝，都被熱情的拉去吃流水席，這些習俗直到近十年，三塊厝的外來移居人口越來越多以後才消失，不過老三塊厝人依慣例，在九月初九太子爺生，還是會在家裡擺個幾桌流水席，宴請各地至親好友共慶太子爺聖誕。

龍水化龍宮 / 許玲齡提供

2 三鳳宮——打狗老聚落
三塊厝庄頭廟

三鳳亭舊址即今建國路旁的三鳳宮文化大樓／許玲齡提供

庄頭老廟三鳳亭

　　源自五塊厝的三塊厝溪，民國四十八年起進行自立路以下河段截彎取直工程；五十一年完工，三塊厝溪改稱二號運河；五十三年開闢建國三路及中華三路。原坐落於海墘仔三塊厝港邊（今中華路地下道旁三鳳宮文化大樓），坐北朝南的太子爺廟「三鳳亭」，因牴觸道路用地被拆，乃遷至河北二路一三四號現址。

三鳳宮又稱三塊厝廟，是三塊厝人的宗教信仰中心，分靈自龍水的化龍宮。草創於1673年（清康熙十二年間），原額稱三鳳亭，是三塊厝的守護神，由於此地的商業發達，三鳳亭歷經多次翻建，1870年（同治九年）由同知張鑑道重修為具規模的廟宇，民國九年、三十六年又各重修過。

　　民國52年四月破土的遷建工程，採北方宮殿建築式樣，廟宇巍峨，工程浩大，至六十一年竣工，前後歷時八年才完成，更廟名為「三鳳宮」。設計者為謝自南建築師，採高樓建築，廟分三進，前殿為五門配兩閣，門繪門神，為彩繪名家潘麗水之作，東西兩閣為啟明、長庚。中殿為正殿，祀主神中壇元帥哪吒太子，中殿樓上為靈霄寶殿祀玉皇大帝，後殿為大雄寶殿祀釋迦、文殊、普賢、觀音諸菩薩。東西廊樓上，東有鐘樓，西為鼓樓。

全臺規模最大三鳳宮

　　三鳳宮寬廣的廟埕曾是選舉時的風雲戰場。早年王玉雲競選市長，轟動一時的「斬雞頭」咒誓事件就在此上演。尚是戒嚴時期的黨外運動時代，每逢選舉的政見發表會，三鳳宮總是萬頭攢動，熱鬧非凡，對政治、經濟均有相當影響力的財團法人組織「興德團」亦躬逢其盛，以往民間曾以「政治廟」稱之。三鳳宮因財團組織健全，對文化甚為重視，每年的元宵節的「燈謎活動」頗受市民的歡迎；且在廟舊址改建的大樓內設立圖書館，並提供獎學金獎勵清寒學生，從事公益活動不遺餘力。

　　三鳳宮為全臺規模最大的太子爺廟，農曆九月初九太子爺聖誕，這日清晨，三鳳宮要先回龍水化龍宮謁祖後，才回三鳳宮舉行隆重的祭典。此聖誕活動也見全臺各地的進香團參與盛會前往參拜。三鳳宮附近也因宗教民俗活動頻繁，而發展出佛具櫥街、青草街（全臺最大的青草批發中心）等特色老街。

尋找 Chapter I
老三民
的足跡

　　三塊厝，一個在高雄市地圖上找不到標示的地名，對許多新興高雄人而言，是方位令人困惑的區域，但是一提三鳳中街，大家就恍然大悟。愛河下游支流的老聚落三塊厝位於自立路橋（東）、二號運河（南，今易河名幸福川）、愛河（西）、九如三路（北）之間。

　　清朝《鳳山縣采訪冊》上登錄的古街市有：「……三塊街，在大竹里，縣西十里，逐日為市」。三塊街即三塊厝，三塊厝名字源由乃因從明鄭時期即有王、鄭、蔡家族在愛河中游龍水港開墾，後南遷到愛河下游支流三塊厝溪與鹽埕港交界處墾殖定居，並稱之三塊厝。

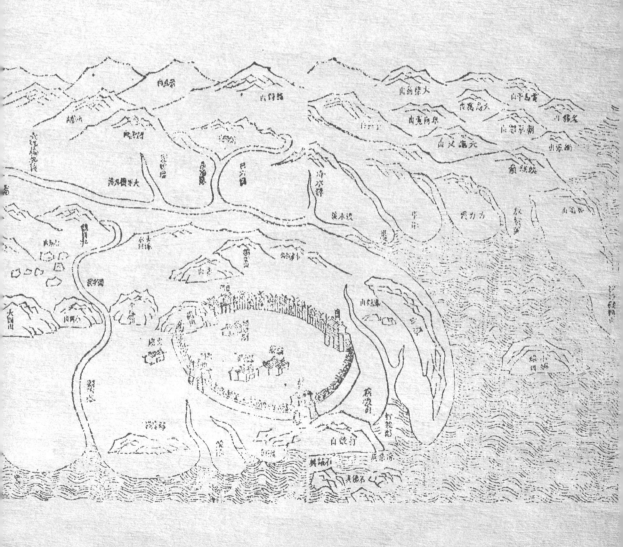

三塊厝王家大瓦厝面臨開路拆屋，僅保留雅緻的古門樓／許玲齡提供

三塊厝墾殖先鋒

1661年鄭成功率大軍驅逐荷蘭人，在臺灣建立了鄭氏王朝後，一波波的福建泉州、漳州府同安、安溪、晉江、龍溪、詔安等地唐山先民，渡過驚險的黑水溝，前仆後繼的來到臺灣開創新天地。

漳州府南靖縣西門外阡坵社人王僅，生於1660年（順治十七年），世代農耕為業。但貧瘠的土地，難以溫飽的微薄農穫，讓王僅下定了渡黑水溝的決心。歷經海上風霜，與先後來臺的閩南長泰、龍溪、詔安、南靖等鄉親，落腳於打狗的龍水、漯仔底，承租學田外，亦開墾私田，從原鄉虔誠乞求庇護，辛辛苦苦揹過來的太子爺便成了龍水部落的守護神[1]。

沼澤濕地密布的龍水、漯仔底的學田地[2]收成不足以繳納租金，原在龍水開墾的王、鄭、蔡三姓遂涉水過河，來到向無人開墾的草莽荒野地從頭開始。王姓占住三塊厝村之東段（土名橋頭），其墾地擁有三塊厝之東北段田畝。蔡姓占住三塊厝村之南段（土名海墘），其墾地擁有三塊厝之西北段田畝。鄭姓占住三塊厝村之西北段，其墾地則擁有三塊厝西段田畝。因有三姓開墾，又稱三塊厝[3]。

永曆廿七年（康熙十二年，1673年）三塊厝先民從龍水的化龍宮將中壇元帥哪吒太子恭請過來，在海墘仔建廟供奉，以此地三姓共奉，且面向鳳鼻山而取名「三鳳亭」，打狗在地人則稱之為三塊厝太子爺廟，為三塊厝的角頭廟，太子爺成為三塊厝人的守護神。

打狗川支流三塊厝溪

三塊厝溪源於五塊厝，據《鳳山縣采訪冊》記載：「三塊厝港、民渡、有橋，在大竹里，源受鱔魚潭，兼納後金頂、後金下、林投圍、前金東、前金西，西南行，注丹鳳澳」，又「鱔魚潭，源受大關帝埤及五塊厝下埤，西行里許下注三塊厝港，源可灌田三甲」。1837年（道光十七年）鳳山知縣曹謹開水圳引下淡水溪灌

1899年（明治三十二年）三塊厝溪（根據打狗局市內集配線路圖給製）／許玲齡繪圖

溉，是爲曹公圳。隔年又增建鳳山新城城樓、砲臺，並外濬壕溝爲護城河兼灌漑水圳。鳳山新城西門外（今捷運鳳山站）灌漑水圳的淡水溪流，經過苓雅區的五塊厝、林德官、鰱港庄、三塊厝注入打狗川（今愛河），是打狗川下游的主要支流。水路可連接鳳山新城與打狗港的三塊厝溪，不只灌漑良田，也爲三塊厝帶來繁榮商機。

三塊厝以東河段又稱鰱港溪，乃因此地盛產鰱魚而得名。三塊厝和鰱港庄是兄弟庄頭，以往三塊厝廟太子爺聖誕扛神轎繞境時，也都會去繞鰱港庄內繞境。日治時期取其音鰱港簡寫爲大港，1941年（昭和十六年）因遷建新火車站，而將鰱港庄全庄強迫遷至後火車站安生里，即今稱之新大港社區。

由東往西流的三塊厝溪，過了今自立路段以後，往北折行，再往西走，在三民國小前復往南折，形成了一個大彎後，才續往西行注入愛河。屬感潮河川的愛河，與三塊厝溪的河口形成了鹹淡水交流的水文，生態豐富，河岸長滿紅樹林，貝類、蝦蟹、土虱、蘆鰻、紅蟳、草魚等滿布河域；再加上灌漑之利，原本榛芒密布的荒涼之境，在王、鄭、蔡三姓開基先祖們胼手胝足下，披荊斬棘、披星戴月的勤奮開墾，不旋踵即良疇沃野、町畦井然，叢叢修竹掩映著雞犬相聞的屋舍。王僅一族篳路藍縷，爲三塊厝的後世奠下了根基，是王家在臺第一代開基祖[4]。而後三姓子孫繁衍昌盛，三塊厝聚落於爲人煙漸稠。

1　《高雄市各區發展淵源》，〈區公所三間茅廬奠基礎，以實現三民主義為至鵠的三民區〉。高雄市文獻會印行，p.637。

2　《鳳山縣采訪冊》〈規制・學田篇〉，「……康熙四十八年知縣宋永清置（接舊志載：此四年所收粟，除正供及所費外，以首貢　生掌其事，估其價值，上下相承充為修理聖廟、義學等費……。」

3　三塊厝《王氏家譜》，〈三塊厝地名源由〉，p.3。流經此地的淡水溪流稱之三塊厝溪。

4　三塊厝《王氏家譜》，p.3。

打狗古街市三塊厝

　　三塊厝溪與打狗川（愛河本流）連接，擁有水利舟楫之便，清朝時，來自唐山的戎客船從打狗港進入後，沿打狗川到三塊厝港，可聯鮸港庄、五塊厝、新庄仔達縣治鳳山新城西門外；從三塊厝有通道南連能雅寮₅，北渡龍水港接左營舊城，三塊厝為打狗水陸交通輻輳之地。

　　三塊厝的農墾地利，逐漸吸引陳、孫、蕭等外姓移入，拓墾範圍也漸次擴大，東鄰鮸港庄，北界龍水港（即今愛河中華路治平橋），西抵愛河岸，以三塊厝溪與前金庄為界。農耕與水利加上商業發達，在三塊厝溪北岸的聚落，到了晚清，已是《鳳山縣采訪冊》上登錄的打狗古街市之一：「三塊街，在大竹里，縣西十里，

三塊厝王家有頂、下埕的古厝／王徵熊提供

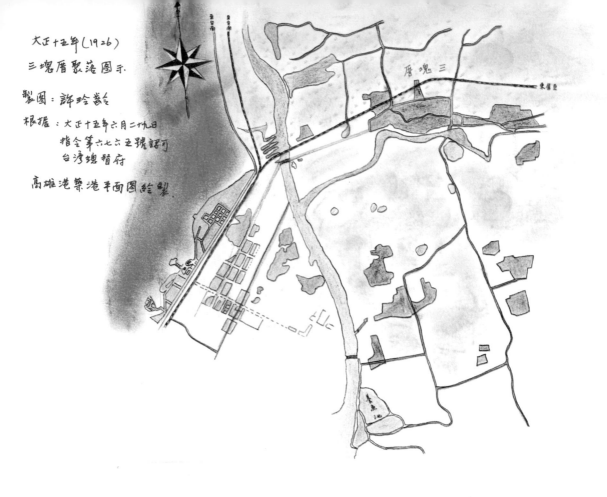

大正十五年(1926)
三塊厝聚落圖示.

製圖：許玲齡

根據：大正十五年六月二九日
　　　指令第六七六五號認可
　　　台灣總督府

高雄港築港平面圖繪製.

逐日為市」。從唐山來的貨船可達三塊厝港卸貨（碼頭在今三民國小前），沿著三塊厝港邊的「中街」，自然成為聚落的商業中心。清末曾來臺的法國外交部派駐廣州領事館通譯Camille Imbault-Huart，在打狗港上岸後往左營舊城的路途，有下述的記載：

　　我們乘竹筏離開碼頭，沿著一條小河（愛河）蜿蜒駛去，小河向左流入一小村莊（即三塊厝），我們在這小村莊內很容易的顧到了轎子，此處道路非常狹窄，這不如說是被稻田夾住的小徑；路向東北伸去，直到那圍有城垣的城市Kou-sia（舊城）。

5　《鳳山縣采訪冊》，「三塊厝橋在三塊厝港，縣西十里，長四十丈，寬五尺，三塊厝往能雅寮經此，同治十三年朱明造，亦名鳳儀橋。」

直到戰後，三塊厝溪船運還是絡繹不絕，三鳳宮的前董事長蔡財源說他孩提時代（約民國四十年代），載運糖、米、檜杉的帆船要過中正橋時，都得先把帆桅放下來，直到高雄港，才將船帆升起。

三塊厝聚落老家族的發展，形成四個角頭——海墘、後溝仔、橋頭、北角。海墘即沿著三塊厝溪範圍；後溝仔約今三民國小附近；橋頭角則在今自立陸橋、區公所附近；北角則在聚落北邊[6]。沿著三塊厝溪，老家族有頂、下埕的三合院大瓦厝，錯落於修竹掩映的田園中，直到日治初期，三塊厝仍是打狗的大聚落之一。王家的祖厝在今建國三路與三鳳中街叉口的巷子內，蔡家則在今建國三路三信總社旁。三塊厝因商業發達，老家族的大瓦厝皆頗具規模，高雄的前輩文史工作者林曙光就曾提及三塊厝的大瓦厝有頂、下埕、四垂亭等規模。

三塊厝人也因聯婚親事，形成了血族、姻親綿密的聚落網絡，街頭巷尾聲息相聞，如自家人般熟悉，那是傳統農村社會濃厚的聚落情。落腳於三塊厝墾殖有成後，三塊厝人非常注重文教事業，在三塊厝即設有社學三處，鄉里設社學為雍正元年議准，根據《鳳山縣采訪冊》〈規制‧學田篇〉：「州縣設學，多在城市，鄉民居住遼闊，不能到學，在大鄉巨堡，各置社學。」又登錄「大竹里社學二十六處：邑城內十六處、三塊厝三處、大林尾二處、林竹竿莊一處、前鎮莊一處、前金莊一處、戲獅甲莊一處、鹽埕莊一處。」三塊厝學風鼎盛，文采斐然。從日夜操勞農事的青暝牛（不識字的農人自喻）到書香傳家，社學的教化有成。如王家生於嘉慶十九年的在臺第六代祖王五賽（字欽若），即為邑大學生，而後子孫或士、農或商、醫而世代相承[7]。

---

6 口述歷史訪問三鳳宮董事長蔡財源。
7 三塊厝《王氏家譜》p. 3。

煉瓦株式會社打狗工場

鮫島煉瓦三塊厝工場

　　1895年臺灣割日後，三塊厝聚落外廣闊的農田，在日治時期被規劃成打狗的工業區，首開其先的，是日人鮫島盛，於1899年（明治三十二年末），因縱貫鐵道打狗臺南段開築，為供應紅磚建材，見三塊厝郊的河灘地土質適合製磚，即擇三塊厝瀕臨打狗川的河灘地設立了鮫島煉瓦（磚）工場（今中都唐榮磚窯廠現址）。

　　1903年（明治三十六年）鮫島煉瓦自日本引進最新的「霍夫曼式改良輪環窯」，開啟臺灣煉瓦事業大改革的鮫島煉瓦，不但是三塊厝第一家日資會社，更是南臺灣第一家現代化燒磚工場。1913年（大正二年）改組為臺灣煉瓦株式會社的磚窯場，在打狗從小漁村蛻變為海洋首都的城市蓬勃建設中，重要的公共工程如鐵道、築港及官舍等建築物之磚塊，都是由此磚窯工場供應。

鐵支路到三塊厝

　　而1907年（明治四十年）鋪設的鳳山、九曲堂鐵道延伸工程，鐵道橫跨愛河而過，築起了愛河上第一座鐵路橋，在三塊厝設立了簡易招呼站，1908年二月一日正式營運。三塊厝驛很快成了前金、鱟港庄、五塊厝等地客貨運的主要車站，讓三塊厝郊的工業地吸引了當時新式工業的進駐。除了原本在三塊厝郊設廠的鮫島煉瓦，及陳中和離開老東家，在打狗川畔自行創業的現代化碾米業先驅的南興實業公司（1903年）；相繼在此設廠的還有以橋仔頭臺灣製糖株式會社生產的糖蜜為原料，製造工業用、燃料用及飲料用酒精的高雄酒精株式會社（1913年）；全臺第一座自動化機器製罐設備的東洋製罐株式會社（1922年），燒製石灰的大江組石灰窯，及打狗第二火力發電廠（1923年）。

　　林立的工場，讓三塊厝的人口快速增加。而吞吐著濃密黑煙的大煙囪，染黑了三塊厝蔚藍的天空、翠綠的田疇。三塊厝驛成了工廠運輸原料、燃料、產品的進出口站，站務繁忙，當年三塊厝驛的搬運工即多達一、兩百人。1923年（大正十二年）新蓋木造站房啓用，日本親王曾親臨剪綵[8]。

高雄州最高學府在三塊厝

　　日治時期高雄州的最高學府也設在三塊厝。三塊厝原以學風鼎盛聞名，1920年（大正九年）日政府改正臺灣行政區，設高雄州，直到1921年（大正十年）才在三塊厝溪北岸設立高雄第三公學校，即今之三民國小。1922年（大正十一年）公布新教育法令及公立中學校規則，於同年的四月一日奉准設立州立高雄中學校。根據日治時期的《臺灣日日新報》大正十年十月廿八日報導：「高雄州立公學校校舍，豫定以前屏東郡役所，因罹火災，悉歸烏有。」當時屬

8　高雄州立高等中學第三回畢業學生口述歷史。

▲ 1934年（昭和九年）貝陽殿下至高雄中學校御成（高雄州立高雄中學卒業紀念寫真帖第八回）／王俊雄提供

▼ 日治時期由學生挖建的游泳池，完工後舉行游泳比賽（高雄州立高雄中學校卒業紀念寫真帖第八回）／王俊雄提供

高雄州管轄的屏東街、鳳山郡民踴躍提出設置陳情書，「……緣各地人民，以校舍建築於其處，子弟入校較為便利，且省卻許多旅費，或欲獻地，或欲金錢寄附；如苓雅寮、旗後、鳳山、阿緱、潮州郡、舊城等地，各呈競爭之象。而尤以苓雅寮、鳳山、阿緱為烈。……」在激烈的競爭條件中，高雄州立中學校最終設在三塊厝，其首要考量，實因三塊厝火車站為交通連接樞紐所致。從西邊的哈瑪星，北邊的岡山、橋仔頭、楠梓、左營，東邊遠至鳳山、屏東都有鐵道相連接。

而另一決定的因素，則頗出乎意料。日人據臺後，因臺灣的風土病（傳染病）而造成慘重的傷亡，故甚注重衛生，而在評估各地的條件時，因當時三塊厝人絕少罹患病瘴之症，「……以學校用地，第一要點衛生……。自來鳳山阿緱各地人民，多患虐疾病……，於是命定各地公醫，取人民血清試驗，結局斷三塊厝人民，絕少病虐之症，於是決定中學校起蓋於三塊厝庄（即打狗火車站將往鳳山中心點）……」。因此在激烈的競爭中，高雄州最高學府決定設立在三塊厝庄，三塊厝父老自然欣喜萬分，因此中學校擬定同年五月一日舉行開校式時，三塊厝人特寄附一石紅白餅（紅龜發粿）由保正潘開市、王網臣、黃天孝、孫老水、王典等鄉紳，代表三塊厝人的衷心喜悅與祝賀之意[9]。

三塊厝驛與工業區

三塊厝也因火車驛站（1907年）的設立，形成了前、中、後街，前街即海墘路，老家族有上、下埕的大瓦厝，如王網臣購自攜眷內渡的龔姓秀才的瓦厝，其門楣上題有「希懷葛」的外門牆，即為購得後增建。陳家、蔡家、鄭家也座落於此。中街即今之三鳳中街，從三民國小旁往東到今建國路三鳳中街入口處，是往來鹽埕

9　參考《詩酒簃隨筆》，胡巨川著，《高市文獻》第十六卷第三期，
　　p.65

三塊厝王氏家族於中埕閒話家常的生活照／王徵熊提供

區、鳳山主要的交通要道，也是三塊厝的商業買賣集中區。後街即
今三德西街，為三塊厝驛前的大街，站房旁翁鬱的大榕樹下為往昔
的人力車招呼站，三塊厝驛繁榮時期，可見來來往往的商旅，熱絡
異常。直到1941年在大港庄的高雄新驛完成後，三塊厝火車站的客
運業務才逐漸沒落。

三塊厝的老厝／許玲齡提供

　　日治時期三塊厝因為工業區的劃設及三塊厝驛交通要衝帶來的商機，從傳統老聚落轉變成商業繁榮之地，加上三塊厝驛東為鐵道部日本高級職員的宿舍，三塊厝的人口從日治初期的一千六百五十三人（1905年）[10]，到1939年已達六千零二十九人[11]。

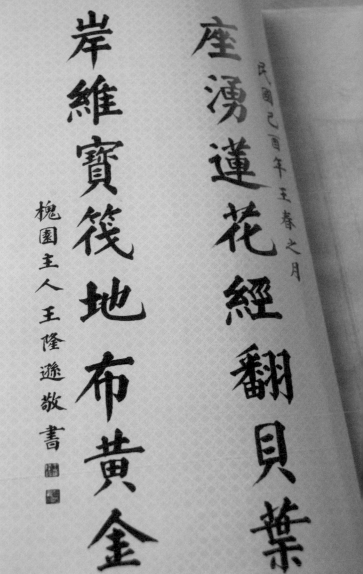

座湧蓮花經翻貝葉

岸維寶筏地布黃金

民國己酉年王春之月

槐園主人王隆遜敬書

三民區第一任區長王隆遜墨寶 / 許玲齡提供

---

10 臨時臺灣戶口調查部編印，「臺灣現住人口」，明治四十年。

11 資料來源：臺灣總督府官房企劃部「昭和十四年末臺灣常住戶口統計」，臺北三和印刷所，1940年，p. 144。

民國五十一年截彎取直後剛完工的二號運河／蔡高明提供

在高雄市較為活躍的三塊厝聞人有孫來（鴉片販售、保證、區委員）、洪傳（警察）、周瑞（高砂信用組合）、王金目（日正雜貨店、保正、區委員）、潘開池（中醫師）等人。

　　戰後，三塊厝仍維持著昔日農耕與商業經營的生活風貌。老家族事業有成，往來無白丁。曾任三民區第一任區長的王隆遜為王網臣之子，高雄名詩人，其在海埕的大宅院，是高雄壽峰詩社等詩友吟詩暢敘聚會之處。王隆遜詩、書清峻逸秀，文名遠播，常應邀為打狗的老寺廟如興隆寺、三鳳宮、左營慈濟宮、保生大帝廟、保安宮、援中港代天府、戲獅甲廣濟宮作對聯。遺有《槐園集》詩作對聯雜文一冊。2006年十二月初揭幕的「高雄文學館」羅列高雄的文學家，王隆遜亦側身其中。

太子爺興外境

截彎取直的三塊厝溪——二號運河

　　三塊厝地貌改變最劇烈的，當為民國五十一年完成的三塊厝溪截彎取直工程，以及隨後建國路、中華路地下道的開闢。三塊厝溪從自立路截彎取直工程完工後，改稱「二號運河」，並在新填造的河岸旁蓋了高雄的第一批四層樓高的國宅（三鳳宮東側）。而原為南方廟宇翹脊剪黏裝飾的三鳳亭，因為建國路開闢抵觸道路用地，而遷至河北路面臨運河邊後，改名「三鳳宮」，以巍峨堂皇的北方宮殿高樓廟宇設計，以及太子爺的神威更顯而聞名全臺。

　　二號運河截彎取直後，河岸邊的新生地，除了三鳳宮在此新蓋廟宇，原供奉於鼓山區樹德里信徒許禧私宅的天公廟，因為太平洋戰爭時，遭受盟軍猛烈轟炸，高雄港、鹽埕、鼓山等地死傷慘重，惟許家住宅周遭安然無恙，咸謂神蹟而信徒日眾。但因私宅參拜殿堂狹窄，乃於民國五十年購得今廟址，初建的廟宇因規模較小，香火又日漸鼎盛，又於民國六十二年委請三鳳宮的建築設計師謝自南設計，六十六年完工，為今高雄市名聞遐邇的天公廟「玉皇宮」。每到農曆正月初九，玉皇大帝聖誕，初八晚上，三塊厝的河北二路、市中一路、自強路，每每擠滿了前往玉皇宮的人潮。

沒落街區的奮力轉型

　　建國路的開闢，則讓老家族的大瓦厝面臨拆除的命運。三鳳宮董事長蔡財源雄中畢業保送陸軍官校一年級時，就因與施明德同為雄中事件入獄十五年，回到老家面對的早已不是記憶中的三塊厝。新開闢的建國路，將老家穿腸剖肚。曾經在自家三合院的頂、下埕搬出時髦的VICTORY留聲機開PARTY的老厝，已拆除殆盡，家族也搬遷移居各處。老家族之一的王家，在日治初期購自返回唐山的龔秀才的大瓦厝，門楣上題有「希懷葛」，寓意「無懷氏之民歟，葛天氏之民歟」，也只剩此門楣殘餘。外來的人口逐漸密集，昔日緊密連結的老聚落情感，也因時遷變而淡薄。往昔，農曆九月初九

綠意盎然不再髒臭的幸福川 / 許玲齡提供

太子爺聖誕時，全庄擺流水席，青壯扛神轎繞境，兒童敲鑼打鼓跑龍套的村落嘉年華會再也不復見。

曾經肩負著交通運輸重任的後街——三德西街，也因三塊厝火車站的客運業被高雄新驛所取代而沒落，再加上工業轉型，原來依賴著三塊厝火車站運輸的工場也一家一家的關廠或外移，三塊厝火車站也在民國七十五年廢站。而中華路地下道及自立陸橋的闢建，曾經是三塊厝人車往來熱鬧繁華的後街，被截頭去尾，出入必須繞路，甚至大型車輛都出入困難，後街的民眾總擔心著如遇火災，恐怕連消防車都無法進入。

倒是在戰後曾經蕭條一段時間的三鳳中街，在商家的努力下，從五穀農作的批發交易轉型為南北貨特色街；近年更配合年貨大街的宣傳，每到年節前後，人潮洶湧，往往擠得水洩不通，商家更是聲嘶力竭的叫喊推銷，將節慶搶購的氣氛推到最High。

而在老三塊厝人的記憶中，河岸旁的紅樹林叢下，釣鱸鰻、抓螃蟹、抓蝦、摸蛤蜊、西施舌……都可滿載而歸，充滿天然野趣且河水清澈的三塊厝溪，曾幾何時被整治成排水溝，更因兩岸家庭廢水的直接排放，被污染成黑水溝、臭水溝。對老三塊厝人而言，那是多麼不堪的記憶。

2 三鳳宮軼事

太子爺捉乩童、廢乩童

每年太子爺聖誕，三鳳宮的廣場有如乩童的大會師。這些來自全臺各寺廟的進香團，但見持香的虔誠信徒在燻煙繚繞中，以及來到廟埕準備衝轎儀式的神轎，等候著一旁舞動著七星劍、刺球、沙魚劍、月斧、銅棍等五寶猛往自身砍、肉裡刺而鮮血淋漓的乩童，首先向太子爺致敬，並在漫天煙霧的連串砲火聲中，指引著神轎、信徒衝轎儀式。有老有少有胖有瘦，每個乩童的法器也不同，舞動的方式也各自不同，甚至還有臉頰插著長針的乩童。每逢神明聖誕日，擠滿進香團的廟埕鬧熱滾滾，虔誠赤足過火的信徒、舞動的乩童，都是三鳳宮特有的景觀呢！

「乩童」起乩代表著神明附體，而暫為神的代言人。雖然前來三鳳宮進香或從三鳳宮分香的廟宇回來謁廟的團體中都有乩童，但是神威遠播全臺聞名的三塊厝太子廟，本身是否有乩童讓信徒問事？答案是：「沒有。」現任三鳳宮董事長蔡財源說，他曾聽老輩提起，在舊廟（三鳳亭）時曾經有過一個乩童，「但是被太子爺廢掉了，以後就不曾再有乩童。」原來這乩童是太子爺指定的，但是有時候，乩童以自己的意見假傳意旨，後來就被太子爺廢掉了，到現在都不曾再有。到三鳳宮向太子爺問事請示，今以抽籤或擲筊的方式即可。

中殿火燒事件真相

三鳳亭因道路用地重劃而遷建至河北二路現址。民國五十二年四月破土後，全部工程至六十一年十二月才告竣工。北方宮殿式的高樓建築，巍峨雄偉，為全臺灣最大的太子廟。易名「三鳳宮」的太子廟神威遠播，不僅僅是三塊厝的角頭廟，已是全臺聞名的宮廟。完工不久後的三鳳宮曾發生中殿失火事件，有一傳說失火事件是因為三鳳宮遷建且在靈驗聲名大噪後，不再回龍水的化龍宮謁祖而失火。

「不是這樣的，以往每一年太子爺生日，我們都備神輦八音儀隊到化龍宮請祖回來過生日」，三鳳宮董事長蔡財源表示。中殿火燒事件發生時，他因高雄中學事件在綠島服刑，回到高雄後，聽老輩提起火燒事件源由，乃因有一年廟方作醮，「燈桿豎的太高了，在道教儀式中，燈桿豎的越高，普渡的供品就要足夠豐盛，因為燈桿豎越高，更遠的好兄弟都會來。如果普渡不夠豐盛，就會有事情。那一年就是燈桿豎太高了。」而不是如外面所傳說的情事。

要回三鳳宮的老祖

三鳳宮中殿供奉太子爺的神桌前，一列大小、尺寸一模一樣的太子爺雕像排排坐，這批神尊的雕像，每一尊都有編號，也事先請法師作入神、開光、點眼的儀式。不論是廟宇或民家，都可以來請回神尊供奉。只要表明意願，在中殿以擲筊的方式即可進行。

以往三鳳宮的老祖（從龍水恭請而來的老祖）也可以讓信徒請回家供奉，但中殿發生火災事件後，即規定老祖不能出門，而這故事的發展可真玄！

中殿失火後，廟方卻一直找不到老祖，即太子爺的本尊，原來當時太子爺被借出門了，但居然所有的人都不知道，到底被誰借走了，也沒人知道！後來追究之下，才知借走神尊的是左營的一個醫生，醫生的小孩生病了一段時間，既診斷不出病因，也一直無起色，就來三鳳宮請老祖回家供奉，結果小孩子病好了，但是那個醫生並未將神尊請回，時日一久，大家竟然忘記了。等到中殿失火後，一時找不到老祖而急得團團轉時，這個左營的醫生倒是自己將老祖送回來了。原因是他的小孩又生病了，也再次診斷不出病因，醫生去問乩童，乩童就說，「你曾經請神尊回家，現在神明要回去祂的本廟。」醫生一聽，就趕緊將神尊請回三鳳宮。而此後，三鳳宮的老祖就不能再被請出門了。

Chapter I

3 三塊厝的傳統老行業

漫步三民街追尋老行業

在現代都會生活變遷中，曾經是維繫農業社會經濟與生活的傳統老行業也隨之銷聲匿跡，但三塊厝倒還有數家令人懷舊的老行業可追尋。

漫步於三鳳宮廟後的三民街，迎面而來的，是豎立在街口的大佛像，那正是三塊厝歷史悠久的佛像雕刻行業最顯著的地標。「雄山軒」是三塊厝佛雕佛具店的開山祖，從日治時期即經營至今，已有上百年歷史了。「雄山軒」從精選雕刻佛像的木料、貼金箔、為佛像開光，皆一絲不苟。民國六十一年三鳳宮在現址的新建廟宇竣工後，雄山軒店面亦遷到三民街，目前已傳承至第三代經營。三鳳宮後的三民街曾經是高雄知名的佛具街，此地大部分的店家，就是從雄山軒拜師學成。而門口擺著大佛像的「鑫像軒」經營的年代較晚，美工設計專科出身的老闆，深具佛雕工藝美感。至於位於建國三路原大華僑戲院對面的「林邊師」，除了佛像、佛具雕刻，布袋戲偶亦享盛名。

三鳳宮後除了佛具店，繡莊亦是現今已少見的傳統行業。「龍國繡莊」的老闆陳海清從十四歲當學徒，歷經三年四個月，緊跟臺南著名的福州師父學成後，從民國五十六年來到三塊厝自行創業，至今「龍國繡莊」的招牌仍高掛在三鳳宮後的三民街上，只不過原先有三個店面，一、二十個女工日夜趕著八仙彩、神龕桌裙、神明衣裳、歌仔戲服、布袋戲服的繡莊，現今只剩一間店面，陳太太是唯一固定的繡花師傅了。

陳海清不只一身繡花工夫，更難得的是設計、採樣、繪圖都自己來。龍國繡莊除了傳統的八仙彩、神龕桌裙、神明衣、三角旗等宗教用品，也接受各式旗幟如社團會旗、學校班旗等製作，當然也可以幫客戶設計圖案。

青草街是三塊厝除了三鳳中街的另一特色街道。青草店一家又一家的開在三鳳宮前的河北路，是高雄市規模最大的青草街。

三鳳中街的南北貨

　　青草街的形成跟三鳳宮也有關連，民國六〇年代，一些上山採藥的師父，相中了剛竣工的三鳳宮前寬廣的廟埕，一大早，從山上採青草藥頭後，就到三鳳宮前販售，生意也甚好。後來三鳳宮的太子爺香火越來越旺，進香的信徒越來越多，廟方要求青草業者不能在廟埕前擺售，業者們就沿著廟前的河北路臨二號運河岸邊擺攤。但河北路後來劃為單行道，且路邊闢為收費停車場，開始取締擺攤的青草業者。但因此地的青草業者已建立長期客戶與口碑，只好承租附近的店面繼續營業。而在同行聚集湊市的情況下，青草店面一家又一家相繼在此開張，也讓這一街道，瀰漫著青草的芳香味。

太子爺興外境

龍國繡莊

　　繡莊，有著女性細膩、雅緻、美感經驗的傳統手工行業，在民國六○年代以前，不管都會或鄉村處處可見到「繡莊」的招牌，搭個木架繡棚子，一針一線細膩的繡出幾乎家家必備的八仙彩、神龕桌裙。歌仔戲、布袋戲等臺灣民間戲劇興盛時，精緻華美的刺繡戲服，全出自繡莊呢！

　　然而民國六○年代後面臨工廠機器規格化大量製作以及大陸廉價品的競爭，繡莊風光不再，尤其是高度都會化的高雄，面臨快速變遷的時代潮流，繡莊不是改賣佛具，就是結束營業。但是在三鳳宮廟後，「龍國繡莊」的招牌從民國五十六年掛起，到今天顯目的招牌仍高掛三民街上。

　　「龍國繡莊」的負責人陳海清原籍臺南，十四歲在臺南繡莊當學徒，緊跟著福州師傅三年四個月的學徒生涯，不只學得一手的刺繡好功夫，更難得的是各種圖樣的描繪能力：不管飛龍舞鳳、飛禽走獸、花卉松竹、福祿壽、飛天仙女等都駕輕就熟且樂在其中。在五○年代初，刺繡被視為女性的工作，一個大男生去學刺繡，可說是萬綠叢中一點紅，不過這也是自我的選擇，因為對色彩的敏感度

龍國繡莊具代表性的立體繡法／許玲齡提供

以及對繪圖的興趣，在學徒期間就甚為突出，而得到繡莊師父技術上的傾囊相授。另一個重要的因素則是因為性別：早年繡莊的成品包羅甚廣，從日用品的繡花鞋、手帕、衣飾，歌仔戲、布袋戲的戲服；喜慶節日的八仙彩、桌裙、獅陣頭旗、神明出巡涼傘、華蓋；神明華麗的佛衣、佛帽等。而製作神明佛衣、佛帽需爬上佛龕、供桌量製尺寸，臺灣的傳統習俗，只有男性方能上供桌，這也是他能繼承福州師父真傳的因素。

從臺南到三鳳宮後頭自行創業，陳海清走過刺繡品輝煌的年代。一方面三鳳宮神威遠播，來自全臺的進香團頻繁，龍國繡莊作品的口碑也跟著遠傳。最興盛時，在目前店面對面的舊址為三棟店面的繡莊，在繡莊內的女工有一、二十人，有時訂單太多趕不出來，還得拿到外面製作。民國六十七年遷到現址，夫妻兩人攜手合作。工作上陳海清負責親繪所有圖像，先在紙上畫出原圖，再打底轉畫到布上，接著由陳海清太太及女工刺繡。除了神龕桌裙、八仙彩、神衣及三角旗等神佛用品及數量極少的戲服外，也接受客戶各種訂貨與設計圖樣，譬如班旗、會旗等。

特色青草街

三鳳宮前河北路的青草店街，各式各樣的青草藥頭擺滿了街道旁，走在其間，盡是藥草清香味，形成了高雄市頗具特色的街道。

青草街並不是三塊厝的老行業，在這裡開店的，都是近幾年自澄清湖、鳳山等地的青草店陸續遷移而來。青草街的形成跟三鳳宮有莫大關連，民國六○年代初，剛竣工的三鳳宮因為廟埕寬廣，進香客還不似今日眾多，許多趕早的青草藥頭採集者在天還未明，就已經聚集在廟前擺攤販賣，大約八、九點後，青草早市就收攤了。由於口耳相傳，三鳳宮前的青草早市生意好、口碑佳，經常供不應求。

青草街常見到曬草藥的景像／許玲齡提供

　　三鳳宮逐漸聞名後，進香客越來越多，廟方要求青草業者遷離廟埕，業者只好在廟前河北路邊擺攤，持續了好幾年。後來河北路規劃為單行道，路邊開闢為停車場，開始取締路邊擺攤。因為三鳳宮青草攤已經有響亮的名號，業者只好承租附近河北路的店面開業，而從最初的三、四家店面，逐漸結市而形成青草街。種類繁多的藥草令人眼花撩亂，酷熱的三伏天，喝一杯濃郁的青草茶，可真清涼解渴。而青草街店面這一排排建於民國五十年的老舊公寓，可是高雄地區最早的四樓國宅呢！

彈珠汽水瓶子從最早的玻璃瓶到塑膠瓶／陳淑端提供

三塊厝風味小吃

提起三塊厝膾炙人口的小吃，喜歡懷舊美味的老高雄人，尤其是三塊厝人，大多會推薦當歸鴨，只要問起三塊厝人此地的小吃，都說三塊厝的美食特產是當歸鴨。走在三塊厝建國三路上，比鄰的當歸鴨肉店擠滿了饕餮客。三塊厝的當歸鴨肉店都有相當的歷史，最早闖出名號的是現今開在三民市場靠自強路口的王家當歸鴨肉。原先在三民國小圍牆旁擺攤，曾收手一段時間，將攤子轉讓予他的鴨肉商。後來又在三民市場內重新開業，現今已是第三代接手經營了。由於當歸藥材取得來自三鳳中街，當歸濃甘、鴨肉香醇美味的聚眾效果，三塊厝的當歸鴨店開了好幾家，每家也都門庭若市。

三塊厝市場內的阿萬鹽水意麵也是美食家的推薦。從鹽水到高雄打拼，即落腳於剛開張的三民市場內，下午四點準時開店，即使早個五分鐘來也可能沒有座位呢！自製的麵條，肉羹、滷蛋、乾拌鹽水意麵是招牌，有特殊的口感與美味，至今已四十三年。自家特製的鹽水意麵，可說是充滿鹽水老家祖傳風味。

三塊厝肉圓嫂的肉圓風味獨樹一幟，裝在厚厚陶鍋中的肉圓，先蒸再以肉汁滷末，風味特殊。但更令人稱奇的是，已近八十高齡的肉圓嫂蔡松葉，娘家在臺南喜樹，二十二歲時嫁到高雄，結婚當天，自己竟一人坐卡車再換火車到高雄夫家。為了生活，早期幫婆婆賣碗粿，後來自己摸索出此特殊風味的肉圓。每天，她一個人肩挑近八十公斤的肉圓擔，從自家沿鐵道走到銅釭會社（臺鳳製罐廠）再到三塊厝火車站宿舍，後走往三民國小、高興昌、唐榮磚窯廠。那段挑擔走賣的艱辛歲月，終在中華路地下道旁開店後結束，也成了三塊厝的知名小吃。但開了幾十年的店面，因為被劃為三民國小擴校用地而在去年拆除，現在便於建國三路389號重起爐灶，店面已由兒子接手經營。

▲ 擔肉圓攤走攤的肉圓嫂／陳國禎提供
▼ 三塊厝當歸鴨70年老店／鴨肉和老店提供

清溪小吃部則是三塊厝人口中的八角攤鹹圓，就位在每逢年節採購年貨，人潮似水的三鳳中街內。八角攤鹹圓也是採買年貨後最佳的體力補給站，不管是鹹圓、筒仔米糕、蝦丸、肉丸以及豬腳、豬舌、脆管等，都獲得饕餮客的好評。

第一代賣鹹圓的阿嬤楊錦翠來自北斗，鹿港籍的老公於民國三十八年起就接下父親在大同戲院賣冰的攤子。楊錦翠進門後改賣鹹湯圓。當時受鹿港公公的影響，以鹿港「ㄙㄚ ㄒㄧㄝ」餅的樣子（似有細摺子的水餃）包鹹圓，因為形狀特殊，內餡又美味，成了三鳳中街的知名小吃，目前由女兒接手經營，琳琅滿目的切仔料擺滿八角攤，可真引人食指大動呢！

童年最佳陪伴飲料——彈珠汽水

可還記得彈珠汽水氣泡直衝腦門的記憶？小時候纏著媽媽買彈珠汽水，都是為了那顆搞了老半天還無法拿出來的彈珠。早在民國四十八年以前就已經營彈珠汽水的老牌榮泉汽水工廠，原在鹽埕區七賢路新高戲院附近，因為拆屋而搬到三塊厝中華路地下道旁，原先玻璃瓶時代的彈珠汽水為家庭手工式操作，也曾不敵黑松、統一等大廠。年輕的家族企業接班人，經過數次的研發新口味、改換安全的PIDO材質，以及機器自動裝瓶、設計新穎產品包裝、拓開行銷管道等多方努力下，業績穩定成長。懷舊的飲料多有創新，但還是老工廠經營。

販售五穀雜糧的商家／許玲齡提供

樹豆

胚芽米

中街仔的回味

　　老三塊厝人稱「中街仔」的市集，於晚清時期是打狗重要的街市。位於三塊厝溪與打狗川頭前港匯集之處，因舟楫之利，船隻繫泊處在今三民國小前，稱「三塊厝港」，港邊為三塊厝廟三鳳亭（今中華路地下道旁三鳳宮文化大樓），有木橋「鳳儀橋」通往前金、苓雅寮。

　　日治時期設三民小賣市場，為三塊厝的「舊菜市」（位於三民國小圍牆旁中街仔舊路，民國九十五年因校地徵收已全數拆除）。為高雄市五大現代化小賣市場之一，另四者為湊町、鹽埕町、旗後、苓雅寮市場。

　　三塊厝驛站設立後，三塊厝隨著人口的增加，發展成前、中、後街。三塊厝人稱之「中街仔」，是建國路未開闢前，從鹽埕埔通往鳳山的主要街道。從鹽埕埔過了南興橋（今建國橋），經三民國小前，循中街仔彎從三鳳亭廟後，過高雄高等學校前往鳳山。

早期三鳳中街景像／王立人提供

每到過年高雄人必到三鳳中街採買年貨／許玲齡提供

　　「中街仔」因為菜市場與三鳳亭的延伸，成了三塊厝生活商業
機能街道，三合院也改建成二層樓房相連的街屋，有鐵桶店、剃頭
店、陶瓷甕店、漢藥店、中醫店、腳踏車店、打鐵舖等，後街則是
三塊厝驛往來道路。

　　為交通要衢的「中街仔」，在戰後，仍是當地的商業中心區，
有郭發、蔡振貴、張德茂中西醫在中街仔開業執醫，以演歌仔戲為
主的大同戲院也在中街仔，也有一家三興旅館就在太子廟後（今中
華路地下道附近），當時的公車巴士也從中街仔穿過。開在中街仔

的家具佛龕店更是以高品質著稱，打狗人逢嫁娶到此辦妝奩，可是很光彩的事。修理腳踏車、賣冰、賣小吃、賣棉被、賣菜刀、爐灶、鍋鏟等當地人生活用品買賣店面，都是老三塊厝人對老中街仔的過往記憶。

戰後的繁華、萎縮與再造

　　中街在戰後初期因戰亂及經濟蕭條而停頓一段時間，但與三塊厝僅隔著愛河的鹽埕區，從日治中晚期到民國五○年代的繁榮發展，地價寸土寸金，房租更是高昂，三塊厝地價相對便宜，且又可利用三塊厝火車站的便利托運，三塊厝成了商家的首選，許多來自澎湖，販賣醃晒海鮮，或來自嘉義等山鄉，批發五穀、香菇等農產商店的外來人口，逐漸在中街租屋買厝經營，開啓了南北貨及農產批發市場，也因為以批發著稱價廉物美來吸引買家，經常人潮不斷，每逢年節，來此批發糖果、餅乾、五穀雜糧的雜貨店家或一般市民，將中街擠的水泄不通，商店也一家接一家開設，於是中街也常被比擬為臺北的迪化街。但現今中街的商家大部分已不是三塊厝在地人。

　　民國八○年代大賣場開始進入高雄，衝擊了高雄傳統的柑仔店，也影響了中街商機，而老舊的店面、各家撐起的遮陽布帆，處處雜亂無章，堆放在路面的貨品，更吸引不了年輕的消費族群，望著逐漸萎縮的商機，中街的商家成立了「三鳳中街商機促進會」，藉民國八十九年市政府舉辦「高雄過好年」活動，大力行銷中街年貨大街，並於九十年進行商圈造街運動。在市府協助下，邀請張弘憲建築師事務所進行透明遮雨棚採光罩及街道排水道美化設計施工。中街營業項目也追上流行，較為養生的花草茶、有機穀物等，也夾雜在南北貨、五穀米豆、中藥食材、魚翅干貝等傳統貨品中，經過宣傳及再造中街商機，如今年節時已又見人山人海。

Chapter I
6 三塊厝的戲院

三塊厝大華僑戲院今貌／許玲齡提供

聲光娛樂看影戲

　　三塊厝的第一家戲院建於民國三十六年，位於三塊厝709號（今建國三路、中華二路高市三信銀行對面）。日治時期引進電影這種西洋玩意兒，三塊厝的人只有跋涉至鹽埕區的高雄劇場、金鵄館、壽星座才能體驗到如此新潮的娛樂。戰後看電影的熱潮在高雄市各地興起，三塊厝人張通物在三鳳中街的中段蓋了三塊厝第一座「大同戲院」。

　　大同戲院初開幕時，在三塊厝造成轟動，當年極受歡迎的影片如《桃花泣血記》、《火燒紅蓮寺》等，戲院前人潮洶湧，也帶動了附近的商機。除了放映影片，大同戲院亦混合歌仔戲、新劇之演出，其中票房最高的是歌仔戲。民國四○年代歌仔戲正當紅，大同戲院也在歌仔戲演出特效的設備上投下大筆資金，舉凡飛天鑽地、吐劍光、布景機關等，讓歌仔戲的演出甚為轟動。惜乎民國五十一年建國路開闢拓寬工程，戲院用地抵觸道路而被拆除。

　　民國四十六年，在建國三路、市中一路的三角窗位置，新蓋了一家設備新穎，足以與鹽埕區戲院一較鋒頭的「東南戲院」。東南戲院由蕭佛助設計興建並自行經營。蕭佛助亦是鹽埕區首屈一指的大舞臺戲院設計建造者。東南戲院以設備豪華，放映首輪好萊塢影片而名聞遐邇，五十八年以後易手陳世明經營，改名「國賓戲院」。六十一年由馬來西亞華僑接手經營後又易名「大華僑戲院」至今。

　　大華僑戲院不只設備豪華，電影廣告看板的製作更是大手筆。當年007情報員的系列電影，二層樓高的全身廣告看板，讓一身瀟灑幹勁的史恩康那萊，矗立於三角窗的顯目位置，轟動高雄市。戲院經常擠得水洩不通，小吃攤販雲集，也是票黃牛最為猖獗的年代。而當年為嘉惠喜愛電影的學生，大華僑戲院也加入了由高雄學苑所推動的「週日早場電影欣賞會」，學生可以便宜的票價，欣賞首輪電影，極受學校師生好評與歡迎。

戲院的興衰起落

　　民國六○年代後期，電影事業因受電視影響而走入低潮，大華僑戲院為重振聲威，且正逢高雄建築業高潮，而於七十四年與建商合建方式，改建高樓。戲院的部分規劃為結合超市、美食、書苑等多角經營方針。八十四年港資寰藝影業公司在高雄成立，經營漢神百貨的漢神電影院，併購大華僑戲院，投資一億元鉅資重新整修戲院內部，備受業界矚目，但終歸不敵時代潮流，於八十八年黯然宣布結束營業。

　　三塊厝另一曾是首輪電影院的興德戲院為三鳳宮之廟產。民國五十一年建國路全線開闢，原在三鳳中街路頭的三塊厝廟三鳳亭，因位在道路用地上，而遷建於剛截彎取直的三塊厝溪填築的新生地上。建國路開通後，三塊厝地區更趨繁榮，沿中華路的廟產土地，於民國五十四年與建商合作建築開發，而當年電影熱潮方興未艾，看電影人潮不輟，因此三鳳宮的興德財團法人在中華三路280號規劃了興德戲院，由財團自行經營，以放映首輪西片為主，標榜的是聲光先進的杜比音響，不過盛況不及大華僑戲院。雖然也曾有過獨領風騷的時機，但很快的便淪為二輪影院。八十四年以後即結束營業，而荒廢的戲院建物，更於九十年被高市建築師公會鑑定為危險建物。

　　三塊厝地區最晚興建的戲院為中都街14號的中都戲院。中都戲院所在地原為高雄市的垃圾堆積場，民國五十五年將垃圾場填土掩埋，闢建中都街，建商為了吸引人潮，而規劃樓上為戲院，樓下為市場的大樓。因位於勞工階級為主的區域，中都戲院成立之時，即以二輪影片放映為主，設備較為簡陋，票價便宜。後來又以歌舞團、清涼秀打出名號，甚至原本稱之「磚仔窯」的地名，也因中都戲院而改稱「中都」。但後來卻於七十八年停止營業，原本因戲院而買賣熱絡的菜市場，近年來因生意清淡而漸趨沒落。

老三塊厝人的戰爭記憶

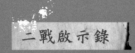

二戰啟示錄

　　戰爭，對於民國三十四年戰後嬰兒潮的世代，以至現在所謂的E世代、Y世代的臺灣人，是很難瞭解其真正的意涵的一件事。對這些世代而言，戰爭，或者是電影的戰爭情節；要不，是越南戰場上疲憊的美軍，來到高雄港擁抱著吧女盡情狂歡；要不，就是遙遠的中東的「沙漠風暴」行動，看著電視螢幕上美軍以高科技的飛毛腿飛彈，如暴雨似的攻擊著伊拉克的油庫、軍事據點；又或者就是前任美國總統布希發動的推翻哈珊王權的伊拉克戰爭；那是遙遠而不事關己的戰役。但是對於曾經走過中日戰爭、太平洋戰爭那一輩的臺灣人，戰爭是永遠烙記於生命的印記。

　　1937年（昭和十二年）日本發動蘆溝橋事變，中日正式開戰後，臺灣雖然遠離戰爭核心，但是為支援戰略物資所需，原本繁榮富足的生活，漸漸捉襟見肘。而臺灣的壯丁開始充軍大陸、南洋的戰場，不管是身處酷寒的中國東北，或雨林蔓藤攀爬的南洋叢林，面對的是殘酷的戰爭本質。

　　而正是無憂無慮的童年，就碰上了第二次世界大戰的老一輩，童稚的記憶中戰爭是怎麼一回事呢？不同的生活環境當然有不同的記憶，但是在備戰到戰爭的過程，倒是有些共同記憶是如此的鮮明。

從配給到疏開

「配給」大概是大家印象深刻的事。食物配給制度開始於1941年日本發動太平洋戰爭之後。以鄰為單位，由鄰長做公正分配。民國二十二年次現年七十一歲的蔡姚彩雲，追憶起在鹽埕區開設金鶴堂及上海書局的父親姚三貴，每次運送物質的配給車一到，擔任鄰長的父親就親自將各項食物依分配人口等分之，然後就差遣家裡的小孩通知鄰裡所有的人到齊後才抽籤。由於肉、蛋的缺乏，當時鄉下的農家提供黑市買賣，不論是買或賣，雖然抓到要重罰，但是由於實際的營養補給需求，多數還是冒險從事地下交易，甚至為了幾顆蛋還得長途跋涉。

「疏開」到僻靜的鄉下，則是都會地區尤其是高雄市較特殊的經驗。日本以高雄港為南進基地，因此高雄港區為要塞基地。高雄地區經常遭盟軍空襲，挖防空壕、防空洞、躲警報幾乎無日不有，為了減少不必要的傷亡，日政府要求市民疏散到鄉下。但是要疏開也不是那麼容易的事，先得到鄉下找到居住之所，雖然戰爭期間一切從簡，除了要解決吃的問題，都市裡謀生的家當也要照管，因此當時疏開大都是以小孩為主，在鄉下找到親戚或可靠的照顧人和居所，就把小孩子疏開。三塊厝名士王隆遜的三子王徵熊憶及，只有他和妹妹疏開到九曲堂的山中，借住在他父親認識的拳頭師傅的家裡，父母親及當時在臺南念高等學校的大哥、大姊都還是留在高雄家裡，前後在九曲堂居住將近一年時間。而愛子心切的王隆遜，三不五時，就會費心高價託人購買黑市豬肉、豬肝等，從三塊厝騎腳踏車到九曲堂看望孩子。

轟隆隆的世界

　　「空襲、轟炸」則是殘酷的戰爭記憶。初期轟炸還不是那麼猛烈時，空襲警報一響，雖然大家得趕快躲進防空壕、洞，但許多人還好整以暇的觀看來襲的飛機，「飛機一面飛一面掉下來一顆顆的黑點，好像在下蛋。」今年七十四歲的洪金柱形容他所看到的飛機投彈的印象，「當時晚上都不許有燈光，連灰窯晚上也要蓋起來，要不然就要被罰」。可是等到1944年（昭和十九年）十月十二日，盟軍猛烈轟炸高雄港時，全都成了恐怖的記憶。港區的哈瑪星、鹽埕彷彿人間地獄，大火延燒幾日夜，光哈瑪星一區，被炸死了就將近三百人，遍地屍骸與斷簷殘壁，那種景象，一輩子也忘不了。那時洪金柱決定離開哈瑪星，躲到三塊厝的灰窯，但因為灰窯後頭有日本海軍通信隊營區，也是盟軍轟炸的要點，甚至連臺灣煉瓦也遭受砲火的攻擊，高聳的水泥煙囪攔腰折斷，靠近通信隊的兩座八卦窯嚴重受創，迫不得已再轉往觀音山疏散，沿路頭頂上來襲的飛機機關槍不停的掃射，只能躲到甘蔗園，待肚子餓到不行，農田邊圳溝的水撈起來就喝，就這樣邊躲邊走的逃到觀音山。

　　三鳳宮的董事長蔡財源，對於戰爭最深刻的記憶，則是在三民國小的操場，一排排正襟危坐的日本兵，軍刀腰帶環扣擦得亮眼耀人，當時年紀還小的他，跟著鄰居們到三民國小，好奇的摸著亮閃閃的日本軍刀，而平常威猛嚇人的日本軍人，也只沉默不語的看著他，後來才知道這些在三民國小的日本兵，是戰敗投降的軍人，等著船期要遣送回日本。

金碧輝煌玉皇宮

農曆正月初九玉皇大帝聖誕，對一般升斗小民而言，比過年更慎重。正月初八晚上八時過後，面臨二號運河的天公廟，人潮已開始聚集，過了十時，想要擠進玉皇宮可不是一件容易的事。

玉皇上帝為宇宙至上神，為宇宙的主宰，統領天、地、人三界之神靈，神格極高，專司生死命運。人為天地所生養，「天頂天公，地下母舅公」這句俗諺代表民間信仰的敬天思想。故拜天公謹慎隆重，全家需沐浴齋戒，設置燈座，過去的習俗拜天公需備全豬、全羊、全雞、全魚、全蝦（或螃蟹）等五牲及菜碗、紅圓發粿，行四跪拜十六磕頭大禮，與一般的三跪拜九磕頭不同。對天公祖，不稱信徒而是更卑謙的稱「蟻民」。焚化天公金、太極金、笑金、壽金等，以酬謝天公庇佑。

位於河北二路218號的玉皇宮，原位於鼓山區樹德里，信徒許禔在民國二十九年雕祀牌位，供奉於私宅，初時信眾寥寥。於二次世界大戰期間，高雄港遭受盟軍猛烈轟襲，死傷慘重，獨許家安然無恙，咸謂玉皇天尊庇護而信徒日眾。旋因殿堂狹小，參拜空間不足，於民國五十年組籌建委員會，購得剛截彎取直的二號運河邊所填築之新生地，重建廟宇供民眾膜拜。因香火鼎盛，於六十二年又組重建委員會，委請謝自南建築師設計，於民國六十六年竣工，重建後的玉皇宮金碧輝煌，為三塊厝最顯目的廟宇。

每年的正月初一子時，虔誠的民眾會來玉皇宮「搶頭香」，以求得一整年的順遂。初九玉皇大帝聖誕的前夕，初八子時，民眾備五果、鮮花祭拜，過去的習俗拜天公需全豬、全羊、全雞、全魚牲禮，現已改用糕餅（如鳳梨酥）製作牲禮。玉皇宮也接受信徒結婚時拜天公的委託。

臺灣傳統習俗，婚嫁辦喜事前夕，遵循古禮的男方家庭必須

拜天公，但是拜天公事前事後的準備及儀式，也讓忙碌的都會人不知所措，因此玉皇宮也接受信徒結婚時拜天公的委託。玉皇宮平常也幫信徒改運，不過改運時，供奉的五果可不要準備平常敬神最受歡迎的旺來（鳳梨），改運為祈求完滿平安，鳳梨葉片帶刺會刺人可不適合。

金碧輝煌的玉皇宮落成後，廟方逕自在二號運河上搭建一座橋樑，作為玉皇宮酬神演戲活動之用，曾經因為信徒帶來的天公金上的金箔，將金爐阻塞而燒裂兩座大金爐，因此廟方規定只能使用廟方準備的印刷金箔的天公金，或者自己帶回家燒。每年天公生，廟方還得僱請專職燒金工人。為了焚化堆積如山的天公金，廟方特打造兩座巨大的金爐，不過，占用了運河邊的公共綠地，這些違規的行為起了不良的示範，也因此，二號運河上，以寺廟之名逕行違章搭建的橋樑特多。高市府工務局局長林欽榮，為執行政府公權力，於九十二年三月下令拆除二號運河上之違搭橋樑，並將二號運河沿岸景觀加以綠美化，解除了多年拆違建「只拍蒼蠅，不敢打老虎」的詬病，執行公權力的魄力值得喝采。

高雄中學老茄苳

　　1922年創校的高雄州立高等中學校，為高雄州（行政轄區為縣市合併的高雄市、屏東縣、市）的最高學府。創校之初，以日籍學生為主，臺籍學生尚如鳳毛麟角。1930年代臺籍學生才逐漸增多。

　　建校之時即綠美化的校園，至今列管的珍貴樹木有茄苳、瓊崖海棠、毛柿、白千層、樟樹、黑板樹等共十四種。瓊崖海棠、毛柿、白千層、樟樹、黑板樹位於第一、二棟已列為市定古蹟的紅樓教室之間，學校特闢植物園，為生態教學之觀察。而位於校門口的琉球松，為南部罕見的樹種，墨黑的枝幹蒼老有勁，這六株琉球松，對雄中學生而言，更具情感，是學生口中的校樹，但並未列入列管珍貴樹木之譜。日治時期學校文獻並未註明種植年代，但從歷屆卒業紀念寫真帖校園老照片比對，校門口的琉球松在第八回（昭和九年，1934年日治時期的卒業紀念寫真帖每年必有校門口之照片）已出現在老照片中。

高雄州立高雄中學校校門（高雄州立高雄中學校卒業紀念寫真帖第八回）／王俊雄提供

高雄中學校門前的琉球松／許玲齡提供

　　位於運動場旁的四棵老茄苳樹，秋天，淡褐色的果實，一串串滿布枝幹綠葉間，引來許多鳥類爭相啄食，好不熱鬧。從雄中日治時期第一回卒業紀念寫真帖校園老照片觀之，這四株老茄苳樹創校時期即已栽種，且已是約一層樓高的成樹，伴隨許多莘莘學子，渡過難忘的校園生活的老茄苳樹，當是樹齡高於校齡。但這四棵老茄苳樹也有隱憂，有三棵老茄苳的樹幹被蟲蛀後，竟然形成穿透的樹洞。雖然老茄苳樹還是生氣蓬勃，但中空的樹幹無木質層支撐，是否能擔得起粗壯的樹幹重量？或遇強風摧颱時，是否會攔腰折斷？學校應該積極處理這老茄苳樹令人擔憂的現況。

三塊厝 Chapter 2
火車站
ㄟ故事

　　西元1907年（明治四十年）十月一日，冒著濃煙、嗚嗚作響的蒸汽火車，從打狗停車場開動，瞬間就穿過了打狗川，呼嘯的進入三塊厝村落以及水田廣漠的後庄、繁華街市的鳳山、山巒起伏的九曲堂。這一天，是縱貫鐵道鳳山支線的開通儀式，對世居鳳山支線沿線的在地人而言，這噴著濃煙又彷如多節蟲，循著鐵軌風馳電掣的大機器，是他們有生以來第一次瞧見的新奇玩意兒呢！

　　火車，從十九世紀在歐洲開始運轉，第一個影響了空間距離、速度、產業運輸發展、資訊交流、城鄉差距，甚至在藝術人文也有其影響力：如十九世紀末在巴黎崛起的印象派貧窮畫家們，利用便宜的火車為交通工具，走出畫室，離開巴黎到農村，捕捉自然真實的光、景繪畫，而啟蒙了二十世紀現代藝術的發展。

　　臺灣的鐵道事業則從1887年（清光緒十三年）臺灣巡撫劉銘傳首建臺北、基隆間鐵道，六月九日在臺北大稻埕動工啟其開端，然而，費時七年，也僅至新竹。臺灣割日後，從第一任總督樺山資紀於1895年（明治二十八年）提出建造南北縱貫鐵道政策之議，前後歷經四任總督，直到明治四十一年第五任總督佐久間左馬太（1908

年）任內，縱貫鐵道全線通車（基隆到打狗並延長至九曲堂），才真正開啟臺灣島內鐵道運輸新紀元。

　　於明治四十年十月一日舉行開通式的鳳山支線，隔年二月一日，三塊厝設簡易招呼站。而這鳳山支線，就如開通式時，長谷川謹介鐵道部長所言，乃為開發鳳山、阿緱、蕃薯寮的產業而建造。1913年（大正二年）工程艱鉅，施工期間屢遭颱風土石沖毀的下淡水溪大鐵橋竣工通車，全長一千五百二十六公尺，號稱「東亞第一大鐵橋」，銜接了打狗港與阿緱，運轉了高屏平原豐饒的物產，鐵支路從鳳山支線改稱阿緱支線，見證了臺灣鐵道運輸與產業發展的重要歷程，三塊厝火車站也因而曾經繁華鼎盛。但近二十年來，因為運輸形態丕變，曾人車雜沓、行旅絡繹不絕的三塊厝火車站於1986年遭遇廢站而荒涼閒置的命運。

　　2004年木造的三塊厝火車站被指定為市定古蹟，但文獻資料只這麼記錄著：「……西元1907年（明治四十年）十月一日設打狗九曲堂間支線時，便已通過三塊厝，1908年（明治四十一年）二月一日正式設招呼站，一九一二年（大正元年）四月置站員，開始辦理客貨運輸；大正十二年改建擴張站舍，一九四一年（昭和十六年）六月二十一日又擴建為三等鐵路貨運站。一九三七年（昭和十二年）日人在大港興建高雄新驛，才逐漸取代了三塊厝驛。……」。

　　愛河下游支流的三塊厝，原是打狗人文風采豐富的富庶老聚落，因為火車亦驛站設置，從雞犬相聞、幽靜純樸的農墾庄頭，成了工商發達之地。探尋三塊厝歷史，更不能略過三塊厝火車站與老聚落的發展關連。

日治時期以簡單人力與臺車載運貨物

1 解開三塊厝驛の密碼

火輪車噴火煙

1907年（明治四十年）十月一日，鳳山支線開通式的迎賓列車，響著高分貝的汽笛，劃破了打狗川畔田庄的恬靜，冒著濃煙的蒸汽火車，從鹽埕埔庄打狗臨時停車場出發，風馳電掣的穿過三塊厝村落北面阡陌相連的田園，開往鳳山停車場。這臺灣島民稱之為「火輪車」，有如太子爺（三塊厝的守護神哪吒太子）腳下的風火輪，對三塊厝這老聚落居民而言，是歷經改朝換代後，與島內現代化交通運輸網絡的接軌媒介。而此後，這噴煙冒火，天天呼嘯而過的龐然新玩意大機器，竟也帶來了將近三百年老聚落在二十世紀的大蛻變。

臺灣縱貫鐵道開築

1895年（明治二十八年）六月六日臺灣首任總督陸軍上將樺山資紀搭乘「橫濱丸」於基隆上岸，將臨時總督府設於基隆港稅關。樺山資紀本欲利用劉銘傳時期修建的基隆臺北線鐵道進入臺北城，但是面臨的是硝雲彈雨後，枕木鐵軌幾被破壞殆盡，鐵道設備一片狼藉。十四日方始進入臺北城的樺山資紀總督，十七日宣布臺灣施行始政式。八月二十六日臺灣總督樺山資紀以臺灣島之防備與統治之需及經濟開發，提出建設臺灣首要之務，為南北縱貫鐵道、縱貫道路之開築以及基隆港築港。

從1896年（明治二十九年）四月臺灣總督府開始縱貫鐵道調查工作，六月底完成調查工作。同年十月總督乃木希典決定予「臺灣鐵道會社」鋪設縱貫鐵道之許可，按照總督府之鐵道線路規劃，進行臺北新竹間原有鐵道之改築，新竹、苗栗、臺中、嘉義、楊厝、鳳山經打狗，以及打狗至安平間鐵道之鋪設。但日本國內因受甲午戰爭後經濟不景氣影響，原擬委由民間經營的「臺灣鐵道會社」國內外籌募資金，皆宣告失敗，便於明治三十一年十月八日宣布解散[12]。縱貫鐵道鋪設之重任又回到總督府手中。

手押臺車推挽的工人／高雄市歷史博物館提供

　　縱貫鐵道計畫在總督府民政長官後藤新平之支持下，於明治三十二年三月以「臺灣事業公債法」公布縱貫鐵道鋪設計畫費用，制定「臨時臺灣鐵道敷設部官制」。後藤新平爲鐵道敷設部長，敦請對日本鐵道甚有貢獻的長谷川謹介爲技師長，並於六月設置打狗出張所，任命技師小山保政爲所長。但小山保政於九月病歿，繼任者爲新元鹿之助。同年十一月八日總督府以敕令第426號制定「總督府鐵道部官制」，廢「臨時臺灣鐵道敷設部官制」，並依三月公布的「臺灣事業公債法」預算總額二千八百八十萬元，以十年爲期，進行縱貫鐵道建設及改良工事。

---

12 臺灣總督府鐵道部，《臺灣鐵道史》下卷，臺北：臺灣總督府鐵道部，1911年2月，p. 467

早期軍用輕便鐵道

　　而為了解決軍隊交通及運輸軍需品燃眉之急，1895年（明治二十八年）八月總督府率先成立臨時臺灣鐵道隊鋪設軍用輕便鐵道。以手押臺車運輸為主的輕便鐵道除供軍用，更提供各地官民交通搭乘及貨物託送。從同年十二月打狗至臺南間之輕便鐵道鋪設完成，即開始營運。到了1898年（明治三十一年）三月，打狗到新竹全長二百二十三餘哩的輕便鐵道鋪設完成後，全臺共配備一千五百八十輛臺車營運。在縱貫鐵道尚未興建前，輕便鐵道是全島南北連接的唯一交通要道。縱貫鐵道開築時，即利用此軍用輕便鐵道運輸材料，直到縱貫鐵道全線竣工後，輕便鐵道才漸次撤除[13]。

　　打狗地區的輕便鐵道主要有二條路線，一為竣工於明治二十八年十二月臺南打狗間的輕便鐵道。另一則為竣工於明治三十年一月的鳳山支線[14]。臺南網寮社至打狗間長二十九‧七四哩的輕便鐵道經中洲、三爺埤庄、阿公店、土庫庄、楠仔坑，終點站為打狗，並分配有六十輛臺車。鳳山支線則從鹽埕埔分歧點經三塊厝至鳳山間為五‧五四哩，此路線配有臺車三十輛營運，並在三塊厝設有複線。

　　從1897年（明治三十年）一月起，輕便鐵道設有複線的三塊厝村落，對外的交通除了以往牛車、轎子所行走的田埂道，往來鄰近的鹽埕埔及鳳山之間，多了更為迅速、方便的輕便鐵道。輕便鐵道雖仍以人力推挽，但因逢河架便橋，且經由臺灣陸軍補給廠明文規定搭乘收費、載運貨物、臺車維修、管理單位等辦法，相對於晚清時期，臺灣行旅迭遭盜匪滋擾，渡河行舟不便，且運費渡資經常被亂抬價的境遇，臺車運輸是象徵安全、利便的「文明」交通工具。

13　臺灣總督府鐵道部，《臺灣鐵道史》上卷，臺北：臺灣總督府鐵道部，1910年9月，p. 387

14　臺灣總督府鐵道部，《臺灣鐵道史》上卷，臺北：臺灣總督府鐵道部，1910年9月，p. 387-403

臺灣第一座現代化機械製糖的橋仔頭工場／「臺灣製糖株式會社橋仔頭糖廠」提供

Chapter2

2 打狗世紀大蛻變

縱貫鐵道南北大經營

　　1899年（明治三十二年）官制「臺灣鐵道部」於南北開始分築縱貫鐵道時，隨著臺灣局勢的穩定，興築鐵道線路的考量，已從早期軍事需求，轉而以地方經濟產業開發及鐵道營運為主。明治二十九年六月由臨時鐵道隊鐵道所規劃的路線，從鹽埕埔庄的打狗停車場沿著打鼓山邊及鹽埕曬鹽地，往右渡過打狗川，經過三塊厝村落到鳳山，往楠仔坑（今楠梓）、土庫，再北往橋仔頭。此路線因為軍事考量，而迂迴行走於楠仔坑東面的觀音山區，不甚經濟。到了明治三十二年八月動工時，經再重新精查地方利害得失、探究產業發展趨勢，且考量鳳山打狗間舟楫往來便利，且又有打狗以南線路也會經過鳳山的鋪設計畫，而決定將原路線修改為——從打狗停車場沿打狗山邊，北往左營舊城到楠仔坑再往橋仔頭。且經數次測量，新路線施工困難度也較低，遂決定採用新路線，即為今日的縱貫鐵道路段。也因路線的變更，三塊厝的鐵道遲至明治四十年鳳山支線開築後才鋪設。

　　縱貫鐵道開築第一段完工的打狗臺南間鐵道，於1900年（明治三十三年）十一月二十八日開始通車運轉。噴著濃煙的火輪車，穿過了埤塘密布、雞犬相聞的田庄，黑黑的煤灰飄落在鹽埕埔醴醴的鹽山，駛往鹽埕埔庄車路頂的臨時停車場。臺灣總督府以鐵道交通網為開發臺灣經濟產業新主軸的策略，實質的效益在鐵道通車後便已浮現。「火輪車」這個帶來臺灣第一次空間革命，代表現代文明的機關車，不只帶來利便快速的交通、安全的行旅、縮短城鄉距離以及臺灣產業經濟形態的改變，更牽引了臺灣人口大遷移。

　　縱貫鐵道的開通，為小漁村打狗帶來了現代化的第一步，更帶來打狗二十世紀的大蛻變。

　　日本三井財團於明治三十三年在臺南創立「臺灣製糖株式會社」，次年（1901）即擇定在橋仔頭設立了臺灣第一座現代化製糖工廠，決定建廠在橋仔頭的重要因素，乃因縱貫鐵道與打狗港運輸之連接。明治三十五年臺灣總督府頒布「臺灣糖業獎勵規則」後，

打狗埋立地／引自《臺灣鐵道史》

新式製糖廠相繼設立。由於近代機器製糖的高產量及適逢世界糖價的高漲，糖業的利潤，催化了打狗港在1908年（明治四十一年）進行第一期現代化築港工程，也翻轉了小漁村打狗的命運。

15　臺灣總督府鐵道部，《臺灣鐵道史》中卷，臺北：臺灣總督府鐵道部，1911年2月，p. 448

16　臺灣總督府鐵道部，《臺灣鐵道史》中卷，臺北：臺灣總督府鐵道部，1911年2月，p. 457

打狗停車場遷移

　　打狗停車場因糖廠生產與農產品匯集而營運量提高，但侷促在打狗山下與後壁港河道之間的停車場，面臨著作業設備及腹地不足，且距離港邊甚遠，轉運不便的窘境。總督府鐵道部乃決議擴建停車場，從1904年（明治三十七年）六月起浚渫打狗灣內土砂填埋海埔新生地，至四十年八月完成約三萬八千餘坪之埋立地[15]。

　　埋立地工程完工後，乃於1908年（明治四十一年）六月，拆除原車路頂臨時打狗停車場之建材，於埋立地進行打狗新停車場新建工程（今哈瑪星高雄港站），十月二十日開始營業[16]。且於同（1908）年，開始打狗港第一期築港工程，進行港口航道整理、整建哨船頭碼頭、填築海埔新生地、建築新碼頭，填築的海埔新生地即今哈瑪星地區。

高雄港驛／胡文青提供

三塊厝火車站的誕生

鐵道橋現況／許玲齡提供

規劃鳳山支線

縱貫鐵道在首先開築的打狗、臺南之間通車後，鐵道興築之經濟開發的利益很快收效。鑑於阿緱廳（今屏東）、蕃薯寮廳（今旗山）、鳳山三廳豐饒物產，開始著手從打狗往南的縱貫鐵道延伸之規劃。路線測量於1904年（明治三十七年）四月開始進行，五月即完工。此路線從打狗停車場為起點，沿縱貫既成線路往北東進行，右折過打狗川及川邊田圃後，通過三塊厝村落北面，右轉東方往水田直進，約三哩半後，漸接近鳳山街，停車場設於鳳山街遠方之北端。再右轉牛潮埔溪，左折曹公圳沿九曲堂丘谷，渡過下淡水溪到東岸六塊厝庄。

鳳山支線係以開發屏東平原之產業為重要考量，故以打狗為起點，經三塊厝、鳳山、阿緱到臺灣最南端恆春。但因為橫過下淡水溪架橋工事甚為艱鉅，故暫先以北岸九曲堂為終點。

老聚落轉型工商重鎮

1907年（明治四十年）開築「鳳山支線」，由打狗停車場延伸，建造了第一座橫跨打狗川的鐵道橋，並於1908年設三塊厝火車站。

臺灣製糖會社專有鐵道經過下淡水溪橋／引自《臺灣鐵道名所案內》

▲ 1913年竣工的高屏溪鐵道／高雄市歷史博物館提供
▼ 鐵道橋／許玲齡提供

鳳山支線於明治四十年四月十九日開築，由打狗出張所工務掛鳳山出張所監督，工程由鹿島組承包施工，從打狗停車場至九曲堂長十哩六分（十七公里五十九公尺），於明治四十年十月一日竣工，並於鳳山停車場舉行開通式。但橫跨打狗川的鐵道橋於四十年十月二十一日方始進行施工，四十一年二月二十八日竣工，之前則暫用原手押臺車輕便鐵道木橋。

　　打狗川鐵橋長一百七十三·六呎，是打狗川（今愛河）的第一座鐵道橋，也是鳳山支線最長的橋樑。鐵橋以間距四十呎之四座橋墩組成，橋墩以磚砌花崗石製成的直徑九呎沉箱構成。紅磚建材來自鮫島煉瓦三塊厝工場。鐵橋施工之時，因早先已完成臺南二層行溪鐵橋的經驗，工程施工技術已駕輕就熟，但施工期間打狗地區因為縱貫鐵道通車後，製糖會社產業蓬勃發展，致使勞力嚴重匱乏，造成了工期延宕。

　　鳳山支線建造時，原本只設置鳳山及九曲堂兩停車場，開通後才又增設三塊厝、後庄兩停車場。三塊厝也在隆隆的火輪車聲中，被牽引至臺灣經濟開發新主軸的網絡內。原本為打狗水陸交通樞紐的三塊厝，地位更益形重要，而三塊厝也由傳統聚落，蛻變為商業繁榮、工廠林立，工商業匯集的工商街町。

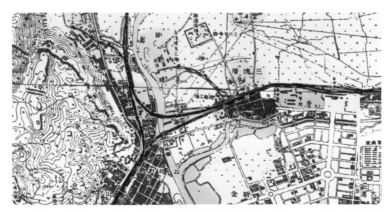

從三塊厝驛通各工廠的私設鐵道（根據臺灣堡圖高雄九號圖，昭和3年測圖昭和18年修正之地圖）／許玲齡繪圖

從鳳山支線到屏東線

　　鳳山支線東端的鳳山、九曲堂爲臺灣鳳梨主要產地，1902年（明治三十五年）實業家岡村庄太郎即在鳳山街設立鳳梨製罐工場。打狗九曲堂間通車後，鳳梨罐頭源源不絕的藉鳳山支線運輸至打狗港出口，而九曲堂更先後成立了七家鳳梨罐頭工場，造就了九曲堂街市的榮景。臺灣的鳳梨製罐在昭和十二年左右年產一百萬箱，占世界第三位，爲僅次於米、砂糖等重要農產品[17]。

　　打狗九曲堂間鐵道通車後，經濟開發更深入山區。1908年（明治四十一年）日本人在旗尾籌設「高砂製糖株式會社」，後與「鹽水港製糖株式會社」合併爲「臺灣製糖株式會社旗尾製糖所」，並修築「旗尾線」鐵路直通九曲堂再接縱貫線鐵路。旗尾線由九曲堂經大樹、旗山，直到美濃竹頭角，並於1911年（大正元年）在蕃薯寮街（今旗山鎮中山路老街）建旗山車站爲旗尾線的總站。除了砂糖，蕃薯寮廳豐饒的山林產業如鳳梨、香蕉匯集到九曲堂，經由鳳山支線到打狗港輸出。

　　而臺灣製糖株式會社於1909年（明治四十二年）在阿緱（屏東）設立了製糖能量高達三千英噸，號稱臺灣糖業新高山的阿緱製糖所，原本利用東港海運到打狗港，或經私設小規模之鐵道越過下淡水溪到九曲堂再轉運到打狗港，但每遇大水交通即斷絕，再加上位於臺灣南端的阿緱城（今屏東市）自古即爲繁榮且戰略位置重要之地，鐵道部乃於明治四十四年起開始進行下淡水溪橋樑建造工事，由技師飯田豐二設計監造，全長一千五百二十六公尺，下淡水溪河面寬敞，溪流湍急，建造過程甚爲艱鉅，至1913年（大正二年）十二月竣工，爲東亞第一大鐵橋，此延長至阿緱的鐵道改稱阿緱線。技師飯田豐二也積勞成疾而過世，現今九曲堂火車站旁豎有飯田豐二紀念碑。1920年（大正九年）阿緱改名屏東後，阿緱線改稱屏東線。1921年（大正十年）東港製糖所開工製糖，十二年屏東線即延伸經潮州到南州，又改稱潮州線。

17　成文出版社有限公司印行，《躍進臺灣大觀》初編，據日本大塚清賢編，日本昭和十二年三版排印本影印。

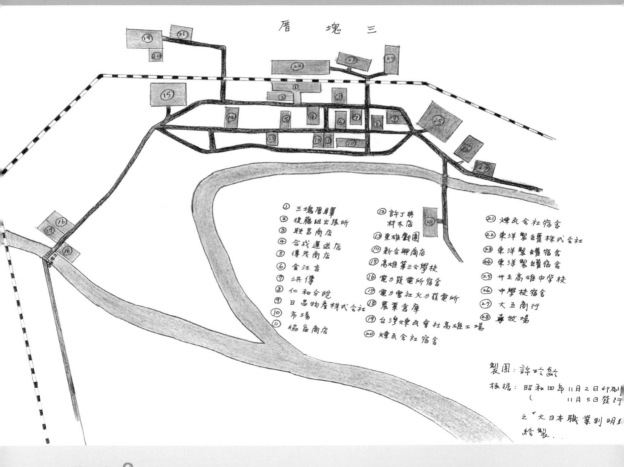

三 塊 厝

① 三塊厝驛　　　　　　⑫ 許丁興材木店　　　　㉑ 煉瓦會社宿舍
② 佐藤組出張所　　　　⑬ 東雄戲園　　　　　　㉒ 東洋製罐株式會社
③ 聯昌商店　　　　　　⑭ 新合卿商店　　　　　㉓ 東洋製罐宿舍
④ 合成運送店　　　　　⑮ 高雄第三公學校　　　㉔ 東洋製罐宿舍
⑤ 傳茂商店　　　　　　⑯ 電力發電所宿舍　　　㉕ 州立高雄中學校
⑥ 金注吉　　　　　　　⑰ 電力會社火力發電所　㉖ 中學校宿舍
⑦ 三洪傳　　　　　　　⑱ 農業倉庫　　　　　　㉗ 大五商行
⑧ 仁和分院　　　　　　⑲ 台灣煉瓦會社高雄工場　畜牧場
⑨ 日昌物產株式會社　　⑳ 煉瓦會社宿舍
⑩ 布場
⑪ 協益商店

製圖：許玲齡
根據：昭和四年11月2日印刷
　　　（　　　11月5日發行
之「大日本職業別明細
繪製。

阿緱線產業鏈

　　大正三年通車的阿緱線（屏東線），就如鳳山支線開通式時鐵道部長長谷川謹介所言：這條鐵道是打開這豐饒物產寶庫的鎖鑰。屏東平原素有臺灣穀倉之稱，潮州線的竹田驛更以屏東地區米穀集散地而有「米倉」之稱，高屏地區盛產的砂糖、米、鳳梨製罐、香蕉等，經由潮州線，從高雄港銷往日本。

　　運輸產業勃興的鐵道，也帶來了穩定成長的營運量，每天往返停靠六班次的三塊厝驛，客運營運量呈明顯成長的趨勢。屏東線行駛的為普通列車，票價分為三等。若要北往臺南、嘉義、臺中、新竹、臺北等地，從三塊厝驛搭屏東線往西到打狗驛後，再換乘縱貫線列車北上。從三塊厝驛到打狗驛僅需八分鐘，三塊厝到鳳山為十六分鐘，三塊厝到阿緱需一小時又七分鐘。

三塊厝驛造就工業區

　　三塊厝驛位於物產豐饒的屏東線與高雄港的中間站，兼為高雄驛的調度站，從1908年設站後，三塊厝原為農耕兼小型商業買賣的聚落，開始了明顯的變化。原本設於聚落北郊的驛站附近，商家逐漸聚集，外來移入者漸多，驛站前的道路成了老聚落新興的街道。一根根冒煙的工場煙囪，更相繼聳立在三塊厝驛的北郊。

　　1913年又跨過下淡水溪延長至屏東，三塊厝驛位於屏東線與高雄港的中間站，兼為高雄驛的調度站，三塊厝也由傳統聚落蛻變為工商繁榮的新街區，三塊厝老聚落也以驛站為中心，在日治時期發展成前、中、後街。除了文教機構——高雄州立高等中學校（今雄中）、高雄第三公學校相繼在三塊厝設立，三塊厝驛的北郊有臺灣煉瓦株式會社（1913年）、洪仙福石灰窯、高雄酒精株式會社（1913年）、東洋製罐株式會社（1922）等工廠進駐，並在打狗川畔則興建第二火力發電廠（1923），三塊厝郊成了重要的工業區。

1907年（明治四十年）通過三塊厝的鳳山支線鐵軌 / 許玲齡提供

Chapter2

5 三塊厝驛的容顏

▲ 三塊厝火車站／許玲齡提供
▼ 標示三塊厝火車站的水泥柵欄／許玲齡提供

三塊厝新面貌

　　三塊厝的老聚落也因驛站的設置，以及工業區的發展，外來人口移入者日眾，以最能實質反應現象的人口統計數字來看，三塊厝人口在1905年（日治初期）為一千五百六十三人，1925年（中期）年達二千零七十八人，到了1939年已達六千零二十九人口數，是高雄地區人口成長僅次於鹽埕埔、哨船頭者[18]。

　　三塊厝也以驛站為中心，日治時期發展成前、中、後街，從昭和四年發行的「大日本職業別明細圖」中，三塊厝人昔日稱之後街的三德西街，為三塊厝驛站進出主要通道，是寬敞的十五米大路。此道路亦是公車行走路線，當時公車路線從高雄驛（今高雄港站）通往苓雅寮、三塊厝、淺野水泥會社、高雄溫泉、鳳山街等地。

　　原本四周都是水田的三塊厝驛站，地貌也有了改變。驛站前新的房舍取代了田圃。在三塊厝驛前有後藤組出張所、聯昌商店、合成運送店、傳茂商店、日昌物產株式會社、東雄戲院、協益商店、新合興商店等。

　　1923年（大正十二年）三塊厝火車站因客貨量逐增，擴建火車站本屋。新站房為木結構的日式建築，1941年（昭和十六年）因營運量而擴建為鐵路三等營運站，從設站營運到昭和十六年，三塊厝火車站商賈行旅往來絡繹不絕、鐵路搬運工吆喝著上下貨，站務繁忙，為三塊厝火車站營運鼎盛之時。

　　曾經搭乘行經三塊厝火車站往屏東，最尊貴的乘客，是1923年（大正十二年）四月前來臺灣巡視的東宮裕仁皇太子（即位後為昭和天皇）。四月二十二日裕仁皇太子御行至臺灣最大單座製糖工場，榨糖達三千英噸，規模為當時臺灣第一，有「臺灣糖業新高山」之稱的屏東製糖所，裕仁皇太子即從哈瑪星的高雄驛搭乘專屬列車，經屏東線到屏東製糖所。列車經過三塊厝火車站時，州立高雄高等學校的學生還在火車站旁列隊歡呼呢！

學校的設立

　　三塊厝驛站為老聚落帶來的，不只是工商業的發展，還包括日治時期的「第三公學校」以及「州立高雄中學校」相繼在三塊厝設立。

　　「第三公學校」於1921年（大正十年）創辦時，校舍原借用鹽埕的三山國王廟，後才遷至今三民國小現址建校。「第三公學校」是鹽埕、三塊厝、前金庄等地臺灣人小孩受教育的公學校。從第三公學校設立後，在上、下學的時段，三塊厝驛也有許多小學生通學進出。現年八十多歲，在三鳳中街開添財五金行的老頭家孃，小時候住在鹽埕區，到第三公學校唸書時，就是從鹽埕區四枝擔（今建國路、北斗街附近，即壽山站）搭火車到三塊厝火車站下車，再走路到三民國小，當時的票價是三角。

　　1922年（大正十一年）總督府公布新教育法令及公立中學校規則，於同年四月一日奉准設立州立高雄中學校。當時高雄州內爭取設置州立高雄中學校的有鳳山、旗津、屏東等地，競爭激烈，但最後卻選定在三塊厝郊設立，與三塊厝火車站之連結屏東線與縱貫線帶來的便利有關。高雄州內的學子，北從岡山、橋仔頭、楠梓、舊城、旗津，或自屏東、鳳山、旗山之學子到雄中就讀，均可利用便捷的鐵道交通上學。

18　臺灣總督府官房企劃部，「昭和十四年末臺灣常住戶口統計」，臺北三和印刷，1940，P. 133-144。

三塊厝火車站的軌道設施 / 許玲齡提供

6 高雄新驛的影響

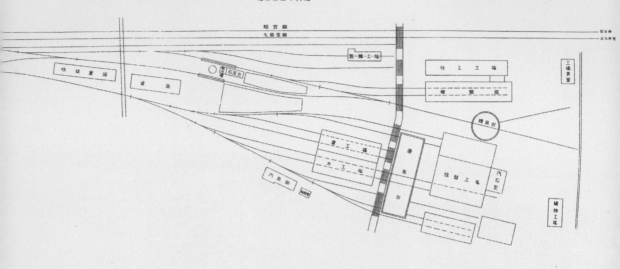

圖面平場工狗打
一之分百二千尺縮

▲ 打狗工場平面圖／引自《臺灣鐵道史》
▼ 三塊厝火車站／許玲齡提供

築港與高雄新驛

從1924年（大正十三年）建市的高雄市，隨著高雄港現代化築港工程的擴展，縱貫鐵道與於1923年（大正十二年）延伸至潮州、南州的屏東線鐵道，以高雄港為輸出港口，鐵道與港口綿密的運輸網絡，嘉南、高屏平原成了高雄港的廣大腹地，豐饒的物產、勃興的產業以及愈來愈大的客運量，讓位在新濱町，有臺灣南部最大鐵道基地的高雄驛亦不敷使用。而隨著高雄港的榮景，城市人口也快速成長，為配合以三十萬人口當作目標的都市計畫，擇在鰱港庄興建新驛站，將原高雄驛的旅客業務移往新驛，改以貨運為主。

選定鰱港庄為高雄新驛基地時，並進行鰱港庄集體遷村，至今後火車站的安生里，稱新大港，為臺灣第一個被迫集體遷村的案例。新建的高雄新驛為新式的鋼筋混凝土結構，但在西方現代建築語彙的屋身，冠上日本傳統四角大尖頂，建築風格與1939年在高雄川西岸新建的市役所雷同，均稱之「帝冠式建築」。

高雄新驛於1941年（昭和十六年）六月二十日落成時，除了三塊厝村落及高雄中學，周遭還是一片稻田。日政府選擇在鰱港庄建新驛，乃欲藉由交通要衢之帶動，將都市重心東移。從二十世紀初打狗港築港工程啟動後，打狗的發展與日俱增，人口增加為臺灣五大城市之冠，但人口集中於愛河西岸的旗津、哈瑪星、鹽埕等地。以1939年（昭和十四年）為例，高雄市人口約十一萬八千人之譜，超過五千人以上的地區有鹽埕町（18,532）、北野町（11,088）、左營（9,124）、旗後町（8,091）、苓雅寮（7,637）、前金（7,805）、湊町（6,775）、田町（6,311）、三塊厝（6,029）、紅毛港（6,041）等，其中以鹽埕區的發展最為快速繁盛，已達四萬零一百三十七人。[19]

---

19 臺灣總督府官房企劃部，「昭和十四年末臺灣常住戶口統計」，臺北三和印刷所，1940，p. 133-144。

遷移至東區鱜港庄的高雄新驛，巍峨的建築象徵高雄都市新意象。日政府在寬廣的新驛前闢建高雄的三線路「昭和通」，通往高雄川邊重要的官衙——高雄州廳及高雄市役所。高雄新驛成交通樞紐後，日政府又擴大都市計畫面積，規劃為容納四十萬人口的大都市，三塊厝郊也在此計畫中被規劃為工業區。

　　興建高雄新驛時，縱貫鐵道也做改建。縱貫線經過田町貨物驛（今鼓山站）後往左折，過高雄川後，在三民國小後與屏東線並行。高雄川有了第二座鐵道橋，客車就不再轉往新濱町的舊高雄驛了。

　　專辦客運的高雄新驛於1941年（昭和十六年）六月二十二日開始營運時，首受衝擊的是位於其旁的三塊厝驛。在昭和十六年考入高雄中學，世居左營部後的耆老薛年豐敘述：四月份學校開學時，他從舊城驛搭縱貫線火車先到新濱町的高雄驛，再轉屏東線軌道，到三塊厝下車，走路到學校。等到六月，新驛開始營運，他從舊城驛搭乘縱貫線列車，經過新建的鐵道橋，就直接到高雄新驛下車，學校就在車站旁，結果更為方便。

　　三塊厝驛在高雄新驛營運後，客運量逐漸萎縮，但貨運量則持續成長。由於新濱町的高雄驛貨運雲集，站務負荷量太大，三塊厝驛成了高雄驛的調度轉卸站。

戰爭時期的三塊厝驛

　　昭和十六年爆發太平洋戰爭，臺灣進入備戰時期。以糖廠生產的糖蜜提煉的酒精，因為純度可達百分之九十九·二，可供機械、汽車、火車運轉，在太平洋戰爭期間成了替代汽油的軍需工業。臺灣酒精的生產量，除了供應本島，尚可供應日本內地。這段路線從早先以開發砂糖、農產品之運輸，進而與軍事運輸有關。三塊厝驛在戰爭期間，繁忙的運務工作，不曾停歇。

　　太平洋戰爭時，高雄港作為日本南進的軍事基地港而遭受盟軍焦土轟炸，港內沉船達一百八十幾艘，幾成廢港，各地生產糖蜜之

糖廠亦為轟炸目標，縱貫鐵道也遭受戰火的摧殘。戰後，臺灣歷經十多年復建，實施「三七五減租」、「耕者有其田」、幣值改革等政策，極力恢復電力、製糖、水泥等工業，政局終獲穩定，臺灣經濟也逐漸繁榮。高雄港也在打撈沉船及重建工程後恢復榮景。

　　三塊厝火車站隨著臺灣經濟景氣復甦又恢復活力。三塊厝火車站的支線煉瓦會社線的諸多工廠，除了高雄酒精會社停產外，東洋製罐轉手為臺灣鳳梨公司，臺灣煉瓦由工礦公司再由唐榮鐵工廠購得。楊子木業、高雄合板廠也在高雄川畔建廠。工廠的繁榮發展，也為三塊厝火車站的貨運量創造可觀的收益。

　　而民國四十二年起到五十三年，分三期實施的「四年經建計畫」以農業帶動工業，由於農工業相輔相成的政策奏效，臺糖及農產品的榮景再現，高雄港的出口量也迭創新高，尤其是臺蕉輸日屢創紀錄，以盛產香蕉聞名的旗山，更為蕉農帶來可觀的收益。屏東線的運輸活力再現，三塊厝火車站又再次成了高雄港站的轉卸調度站，搬運工的需求甚殷，外來勞力人口移入三塊厝。火車站前的二德西街為三塊厝最鬧熱之處，站房旁的大榕樹下為人力搬運車及三輪車招呼站。「中街」也逐漸形成農產商店街，販賣的五穀米豆山產等，也都須靠三塊厝火車站托送貨運。

鐵道工事改良事務所的木造屋舍／許玲齡提供

Chapter 2

**7 繁華落盡的三塊厝
火車站**

從停車場到貨運站

　　自高雄新驛設立後，兼辦客貨運的三塊厝火車站，客運量就明顯下滑了。可從班車的車次觀察，民國四十二年間增開，以行駛於高雄臺南、臺南屏東、高雄屏東間的短程通勤汽油客車，三塊厝尚有七個班次停靠，到了四十三年只剩五個班次，四十五年甚至只剩下三個班次，而在三塊厝上下車的人數到了民國五十年，僅剩約一千二百人，客運的收入僅只三千五百六十一元。因而五十一年起，三塊厝火車站專辦貨運，不再辦客運。

　　三塊厝火車站原本收入頗高的貨運業務，在民國七十年後，也產生巨大的轉變。從高雄運務段所提供的資料中，三塊厝火車站的貨運量及營運收入在民國七十年以後急速縮減，到了七十五年，全年貨運進款才六萬四千六百四十九元，究其原因：一為傳統工業的沒落，三塊厝工業區的唐榮鐵工廠高雄磚廠燒磚業務幾已停擺，灰窯也不再生產；臺鳳公司製罐工廠也關廠閒置。原本以運輸原料及成品的煉瓦會社線，也拆掉改成了寬敞的中華橫路。

從貨運站到廢站

　　臺灣糖業雖然曾在民國六十五、六十六年創下國民政府來臺後的最高產糖量的記錄，但是國際糖價在六十五年以後則迅速下滑，外銷市場中斷，臺糖經營也陷入困境。而享譽日本的香蕉、鳳梨等，也相繼被菲律賓等地產品取代，農產品外銷的黃金年代已過。加之中華路地下道及自立陸橋的闢建，使得三德西街大型貨車無法進出，轉送業務便不再占優勢，臺灣鐵路局乃於七十五年九月二十六日決定讓三塊厝火車站廢站。曾經人車雜沓、站務繁忙的火車站，終於歸於寂靜，也逐漸從進出車站的行旅記憶中消失。而也因為三塊厝火車廢站，從1908年通車已將近百年的鐵道，竟然在沿線居民的要求下，於民國八十四年在吳敦義市長任內下令拆除，也拆除了愛河上的第一座百年鐵道橋，真是令人惋惜。

三塊厝火車站木造站房 / 許玲齡提供

8 三塊厝火車站再造契機

哈瑪星往三塊厝驛之舊鐵道已成為休閒散步的地方／陳淑端提供

　　遭受廢站命運的三塊厝火車站，木造的站房成了臺鐵高雄工務段的材料倉庫，堆放了許多文書檔案等，也因而逃過被拆除的命運。雖然在民國七十五年廢站不營業，但仍是高雄港環線員工專車上下車用月臺，直到八十四年拆除了鹽埕埔北斗街至中華路地下道之間的軌道，環港線才停開。

　　鄰近高雄車站旁的三塊厝火車站，常常被匆忙往來的火車旅客忽略，對一般市民而言，由於中華路地下道及自立陸橋的阻隔，對這火車站更是陌生。但是三塊厝人以及鐵道迷，對三塊厝火車站有著特殊的情懷。三塊厝地方人士如出身三塊厝老家族的三民區社區建築師召集人王立人建築師、鳳北里里長韓芙英及臺灣的鐵道迷們，即屢次向高雄市政府及臺灣鐵路局呼籲，以三塊厝火車站牽繫著三塊厝近百年的發展，與三塊厝人有著密切關連，且為高雄市唯一僅存的木造站房，應將三塊厝火車站保留，並開闢為三塊厝社區博物館。三塊厝火車站終於在民國九十三年四月九日公告為市定古蹟。

消失的鐵道橋／許玲齡提供

修復完成的三塊厝火車站景觀／許玲齡提供

國定古蹟三塊厝驛

　　公告為市定古蹟的三塊厝火車站，文化局於同年委託樹德科技大學進行三塊厝火車站調查研究修護計畫。工務局也以三塊厝火車站區域，進行景觀再造的規劃。而三塊厝火車站再造的契機，應該是臺灣鐵路局為因應高鐵的營運競爭，極思轉型，提出的「臺鐵捷運化」營運方針。

　　「臺鐵捷運化」改變以往以中、長程運輸為主的觀念，而在都會區域，採以車站密集、班次密集、票種單純化考量，轉型為城市軌道運輸系統。在高雄市的部分則為鐵路地下化的規劃，此計畫從左營區的葆楨路段到縣市交接的鳳山市正義路的鐵道地下化，包括高雄車站地下新建工程，地面站體則設內惟、美術館、鼓山、三塊厝、民族、大順等六站，現今之鼓山站恢復客運，三塊厝站則預定復站。

　　高雄市區鐵路地下化後，市政府也預計拆除自立陸橋及中華路地下道。此兩大妨礙三塊厝火車站交通的因素去除後，預定復站的三塊厝火車、經過古蹟修復後古色古香的木造站房，再結合三鳳中街年貨商圈、國定古蹟中都唐榮磚窯場文化園區，或將可成為高雄市區內最吸引人的驛站。

修復完成的三塊厝火車站站體／許玲齡提供

愛河岸舊鳳山線鐵道榕樹

　　位於市中一路靠近愛河的395號旁公園內的老榕樹，從建國三路上觀之，樹形巍峨、樹冠幅廣、樹幹蒼老有勁、氣根糾結，甚為壯觀。樹齡已高逾百歲的老榕樹，樹下建有一小廟，來此帶狀公園運動散步的民眾，以清香鮮花供奉著榕王公。

　　老榕樹旁的帶狀公園，為1907年縱貫鐵道興建從打狗驛到九曲堂延長線的鳳山支線遺址。常在此休憩、運動的長者，大多在日治時期或因為工作，或隨父母移民打狗，在鐵道邊租屋而住，前段面向建國三路為南臺木材廠。長者提及當時的鐵道列車往來幾不停歇，而這棵老榕樹早在日治時期已矗立於鐵道旁，高大的榕樹是孩童時嬉遊的樂園，鐵道於1995年拆除後，改植大葉桃花心木，成了寧靜、綠意休憩的好地方，雖然多數居民已搬離此處，但還是常回到榕樹下，與昔日老鄰居們話家常。

　　這段變身為綠帶的鳳山支線，是臺灣總督府計畫開發物產豐饒的阿緱廳（今屏東）、蕃薯寮廳（今旗山）、鳳山廳三廳，乃規劃從打狗驛往東的延長線，經三塊厝、鳳山、九曲堂、阿緱到臺灣最南端的恆春。1907年先開築至九曲堂，建造了跨越愛河的第一座鐵道橋，稱之鳳山支線。盛產鳳梨的九曲堂在鐵道通車後，先後成立了七家鳳梨罐頭工場，創造了九曲堂街市榮景。1908年日人在旗尾

舊鐵道旁三民區列管1907年種植的老樹／許玲齡提供

溪畔籌設「高砂製糖株式會社」，後與「鹽水港製糖株式會社」合併為「臺灣製糖株式會社旗尾製糖所」，並修築「旗尾線」，由九曲堂經大樹、旗山到美濃竹頭角，以旗山車站為總站。鳳山支線並於1913年克服颱風季暴雨湍急的下淡水溪艱鉅之施工，完成東亞第一座鐵橋後，延伸至屏東為屏東支線，1923年東港製糖所開工製糖，更延長經潮州至南州，另改稱潮州線。

　　沿線阿緱（屏東）製糖所的糖、屏東平原的米，以及九曲堂鳳梨罐頭、旗山蕉實等，日以繼夜，藉由鳳山支線運送至高雄港裝運出口，糖、米、蕉實、鳳梨罐頭驚人的出口數量，也讓高雄港超越基隆港，成了臺灣第一大港。

　　到了1970年代國際糖價低迷，屏東、旗尾、南州糖廠相繼停工，香蕉輸日一蹶不振。轉型為貨櫃運輸港的高雄港，也不再倚賴鐵道，因此，曾經盛極一時的三塊厝火車站便於1986年廢站，此段舊鳳山鐵道也於1995年被拆除，甚至連愛河的第一座鐵道橋，雖有民間社團文化愛河協會等力主保留愛河上的第一座鐵道橋，亦被當時市長下令拆除，城市發展重要的脈絡就此消逝無蹤。倒是曾見證鳳山支線繁華過往的老榕樹，在拆除鐵道時，已被附近居民以榕王公膜拜為由而逃過一劫，鐵道旁的低矮房舍以及南臺木材廠因遷移而相繼拆除後，此一近百年的老榕樹在空曠的綠地上更見雄偉壯觀。

舊鐵道旁三民區列管1907年種植的老樹／許玲齡提供

關於縱貫鐵道開通式

　　從1899年（明治三十二年）南北分段施工的臺灣縱貫鐵道，因為各段工程面臨的難易度不同，竣工時間也不同。而臺灣人對這新式的交通工具毫無概念，打狗臺南間開始營業時，乘客、貨運極少，平均每天一哩的收入才六圓餘，鐵道營運面臨困境，亟須宣導鐵道之利用。日政府為籠絡臺民，及鐵道將來營運之慮，在各區間鐵道竣工分段通車時，都特為舉辦慶祝活動，招待相關官方人士、地方領袖、沿線土地業主等，搭乘火車以宣揚鐵道運輸之經濟效益之利，鼓勵臺民多利用這先進的運輸工具。從1900年（明治三十三年）南部的臺南打狗段通車起，到1907年（明治四十年）打狗九曲堂支線竣工，總計舉辦了六次各區間通車典禮，以及1908年（明治四十一年）十月二十四日在臺中公園所舉行的臺灣縱貫鐵道全通式。

　　此六次鐵路開通典禮與打狗有關的共有兩次，中間隔了七年。而與三塊厝驛有關的是第六次鳳山支線通車慶典。

　　臺灣縱貫鐵道工程最早竣工的為打狗臺南段，1900年（明治三十三年）十一月二十八日，全島第一次縱貫鐵道的通車慶典，就在鹽埕埔車路頂的第一代打狗停車場舉辦。當日招待的貴賓包括官員、外國人、在臺內地紳士、本島人紳士、土地獻納者、材料及勞務承包商，將近千人之譜。

台中公園池亭／引自《台灣鐵道史》

當天發出兩列迎賓列車，分別從臺南及大湖街停車場迎接貴賓到打狗停車場。停車場前臨時搭建的式場裝飾著幔幕球燈。在儀式進行中及用餐時刻，安排施放煙火、樂隊演奏等餘興節目，這一天，是以曬鹽為業的鹽埕埔庄未曾有過的盛會！此路段的臺南、大湖街停車場也都豎起裝飾綠葉花環的綠門，臺南停車場也安排慶祝表演節目讓民眾觀賞。

　　式場上由打狗出張所技師新元鹿之助做工事報告，代理鐵道部長谷川謹介朗讀臺灣總督兒玉源太郎式辭，上臺致詞的有臺南縣知事今井艮一、臺南士紳蔡國琳等人。

　　第六次的通車慶典則是打狗九曲堂支線開通時，於1907年（明治四十年）十月一日在鳳山停車場舉行。從打狗停車場有迎賓列車開往九曲堂，再回到鳳山停車場。當日招待的官員、在臺內地人紳士、本島人紳士、土地獻納者及承包商人計189人。慶祝式場在鳳山停車場廣場舉行。餘興節目除了施放煙火、人偶展示、手踊、相撲外，更安排了臺灣的戲班唱戲以及宋江陣，吸引了甚多當地人圍觀。當日儀式由鐵道部長長谷川謹介致辭，工事報告由鐵道部技師津田素彥口述，鳳山廳長橫山虎次、阿緱廳長佐佐木基、日本士紳代表家村友助及鳳山士紳林靜觀等上臺致詞。打狗九曲堂間通車儀式規模，是縱貫鐵道六次區間通車典禮中規模最小者。

1908年臺中公園內舉行的臺灣縱貫鐵道全通式／引自《台灣鐵道史》

三塊厝 Chapter 3
工業區
——中都百年發展史

　　從愛河出海口溯河而上，不管是波光粼粼、燈影璀璨映照華麗高樓，夜風中音樂迷人、咖啡香繚繞的現代都會河岸風情，或是人文薈萃、城市文化指標的藝術館舍，過了建國橋，一切戛然而止：低矮的房舍、狹窄的道路、閒置廢棄的廠房、空曠漆黑烏暗的荒地，這是高雄都會中心的邊緣角落，曾經是做工人的聚居地——中都。

　　高雄人通稱的「做工ㄚ郎」中都地區，其行政轄區為三民區德西、九如、豐裕、川東、裕民、力行、千秋七里。其地理位置為東至中華二路，西至同盟三路隔愛河與鼓山區壽山相望；南至縱貫鐵路線；北至同盟三路隔愛河與鼓山區市立美術館區相望。清時，屬打狗古街市三塊厝的荒郊，日治時期稱作「磚仔窯」、「牛（車）寮」或「灰窯仔」。

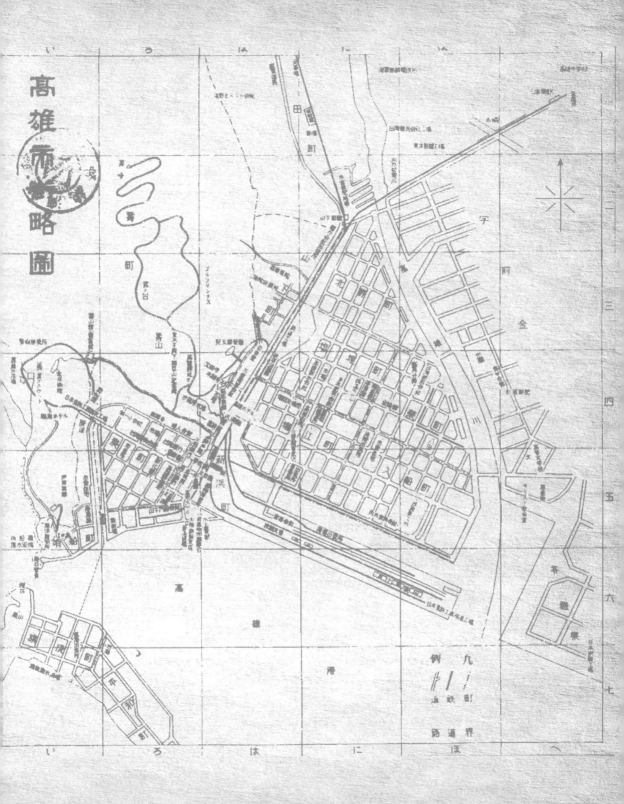

停業後的中都戲院現況 / 陳淑端提供

「中都」地名由來

以建國三路以北的西部縱貫鐵路爲界，與愛河、中華二路西邊所構成略微封閉的地形，就是現今稱之中都七里，被稱爲中都是在民國五十五年以後的事。而地區名緣起於中都戲院，一間在中都路開闢後才誕生的戲院[20]，從戲院到成爲這做工人的社區的代名詞，中都戲院崛起於臺灣經濟起飛的年代，隨著做工人的口袋麥克麥克，因而也追逐起具有感官刺激的脫衣豔舞歌舞團。

「磚仔窯」、「灰窯」、「銅釭會社」、「酒精會社」、「合板廠」、「火力電廠」、「麵粉廠」、「高興昌」等，曾經是現今泛稱的中都七里社區，在不同的年代、不同的地點，中都的地名也反映了此地曾經有過的工業狀況。翻開中都地區的開發史頁，短短才不過百年。

位於愛河與三塊厝溪交接的河灘地，直到清末臺灣割日之前，還是一片草莽荒地，雖然是三塊厝的開墾範圍，但是排水不良的黏土地質，農耕不易，人煙稀少，倒是成了三塊厝老聚落的亂葬崗[21]。最早來到這片荒澤野地開疆闢土的是當時任職臺灣總督府文書課的鮫島盛。鮫島盛以臺灣總督府因統治需求擬開闢西部縱貫鐵路，大量磚塊需求引發的商機，毅然辭去了總督府的公職，在大稻埕六館街設立鮫島商行，任用了來臺尋求發展機會的後宮信太郎，開始其煉瓦（磚）事業，在臺灣各地廣設磚窯廠。

---

20 許參陸著，《港都跨世紀電影史》，高雄市電影戲劇商業同業公會九十年，p. 110。
21 《中都聖公媽廟耆老口述》，力行里里長李水池。

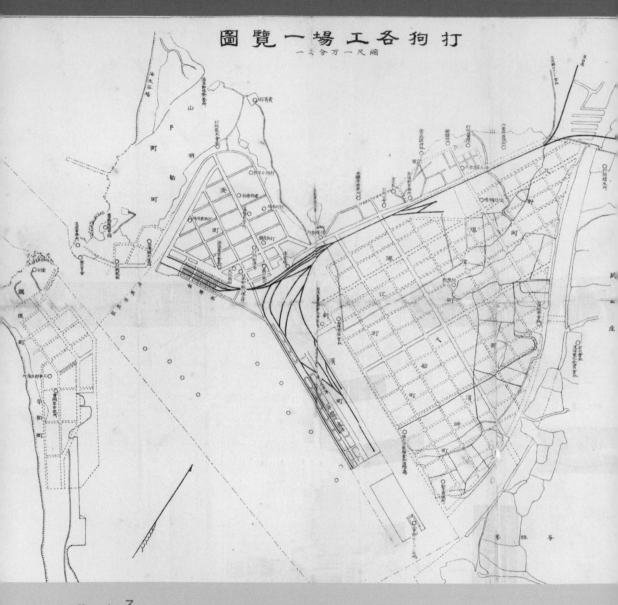

圖覽一場工各狗打
縮尺一萬分之一

Chapter3

**2 打狗第一家磚仔窯
——鮫島煉瓦工場**

煉瓦王後宮信太郎

1899年鮫島盛以三塊厝郊荒地適合製磚的土質、便宜的地價、河道運輸的便利、柴山薪柴的就地取得，以及三塊厝的人力等諸多因素考量，在瀕臨打狗川的河岸淺灘地創辦了打狗第一家磚仔窯。

1903年（明治三十六年）鮫島盛因感染疫病而逝於打狗，由後宮信太郎接手經營鮫島商行。眼光銳利、勇於投資的後宮信太郎在明治三十二年縱貫鐵道開始建設時，看到磚塊的搶手，有供不應求之勢，而臺灣傳統燒窯費工費時，即將鮫島煉瓦各地的磚仔窯，改建新式的蒸籠窯（蒸籠窯爲八卦窯之前身，窯體橢圓較小，改用燒煤炭製磚，煙囪在窯體中間，形似蒸籠故稱蒸籠窯），因而產量大增。到了1909年（明治三十六年）更從大阪窯業株式會社聘請中村工程師，在臺北圓山廠建造當時在日本也是非常先進的八卦窯（霍夫曼窯），到了1912年（大正元年）鮫島煉瓦的年產量占全臺磚塊的七成，後宮信太郎也被稱之爲「煉瓦王」[22]。

中都新式磚窯廠

1900年打狗臺南鐵道通車後，鮫島商行在三塊厝的工廠也改建新式的蒸籠窯，這也是南臺灣最早引進的新式磚窯廠。高聳的紅磚煙囪在愛河邊日夜的吞吐著濃煙，三塊厝地區的人力已不敷需求，磚仔窯附近開始聚居由澎湖、北門等地的移民工人[23]。

1913年（大正二年）臺灣總督府出資一百三十萬圓成立臺灣煉瓦株式會社，由後宮信太郎整合各地鮫島煉瓦磚場，三塊厝的鮫島煉瓦易名爲臺灣煉瓦株式會社打狗工場。而濱海的小漁港打狗，因

---

22 西川滿著，《後宮信太郎傳記》，〈黃金的人〉。
22 黃天發鄰長口述歷史。

為內海優良的港灣條件，在1908年的打狗港現代化築港工程後，成為新崛起的南方耀眼的新興城市，城市的發展蒸蒸日上，各地大興土木，磚仔窯也擴建新式的八卦窯以應市場之需。在磚仔窯工作的包頭、工人等高達三百餘人。打狗工場在瀕愛河邊建造磚造職員宿舍，而包頭工寮則在磚窯廠後頭有四棟簡易的平房。另外從北門移民而來的牛車運輸大隊，則聚居在磚窯廠廠區外今中都街91巷至97巷一帶，此地也被稱之「牛（車）寮」[24]。不到二十年的光景，原本杳無人煙的水塘沼澤荒地因磚窯廠的設立，形成了打狗以勞工為主的新聚落。

---

24 口述歷史。

Chapter3

3 鐵支路通工廠內
——灰窯、酒精會社、銅釭會社、
第二火力

1908年西部縱貫鐵道全線通車，爲臺灣交通、經濟發展的主動脈。日本政府以鐵道運輸開展臺灣工業之開發，核准在縱貫線沿線的工廠設立鐵道支線之申請，以利產業運輸。

從1899年（明治三十二年）起，因爲供應縱貫線鐵道的磚塊建材，而在三塊厝郊設磚仔窯的鮫島煉瓦，大正二年改組爲臺灣煉瓦株式會社後，從三塊厝驛有私設的「煉瓦會社線」直通工場內，遠從基隆而來的燒窯燃料煤炭，藉由南北縱貫鐵道與屏東線的銜接，卸放於三塊厝驛的煉瓦會社煤炭場，再由專屬機關車運輸至工場內。磚塊成品也藉由鐵道運輸，銷售範圍遍及臺南、屏東、旗山等地，除了高雄在地重要的建築，如臺南州廳、屏東糖廠、下淡水溪鐵橋橋墩、西岸的六塊厝等地民宅、旗山車站、旗山武德殿、旗尾糖廠……，都可發現臺灣煉瓦株式會社生產的的ＴＲ磚呢！臺灣煉瓦高雄工場更在日治時期發展成臺灣規模最大的磚窯廠。

因爲鐵道運輸網絡連結的利便以及廣大的農田腹地，三塊厝郊相繼吸引了當時的新式工業在此設廠。下淡水溪鐵橋完工後，以三井物產株式會社各製糖會社所生產的糖蜜爲原料，製造工業用、燃料用及飲料用酒精的高雄酒精株式會社，於1913年（大正二年）在三塊厝設廠。高雄酒精三塊厝工場產能可達四十七石（日產），酒精原料糖蜜以及成品則利用從三塊厝驛鋪設的「高雄酒精線」輸送，此外，尚利用高雄川支流三塊厝溪連接港口的船運。酒精工場內的蒸餾工、機械工、分析工、搬運工、雜役工等大多雇用三塊厝當地人的工場設立，爲三塊厝人帶來龐大就業機會。

2004/11/19 11:32a

躍進的工商業發展

　　1922年（大正十一年），全臺第一座自動化機器製罐設備，主要以供應鳳山、九曲堂等產地，製造鳳梨罐頭的空罐為主的東洋製罐株式會社，也在三塊厝驛站鐵路邊設工場。大正十一年以二十二萬圓創辦的東洋製罐，總公司在大阪，創辦之初名為臺灣製罐。臺灣鳳梨事業的蓬勃發展，製罐業亦供不應求，故於大正十四年增資為一百五十萬圓。

　　東洋製罐工場有兩線自動製罐機生產線，三塊厝當地人稱之「銅釭會社」。從三塊厝驛架設「東洋製罐線」輸送原料及成品。東洋製罐業務也遠及中部，尤其是水果大生產地的員林。故於昭和五年為服務中部客戶，在員林興建倉庫。

　　日政府以三塊厝驛站可作為原料搬入、製品產銷運輸的利便性，以及與打狗川、港口之航運連結，規劃三塊厝為輕工業區。而打狗地區躍進的工商業發展，使得在鼓山設立的火力發電廠已有供電不足之現象，1923年（大正十二年），乃於三塊厝的打狗川畔興建第二火力發電廠。第二火力發電廠發電運轉所需的煤炭來自北部基隆、瑞芳等地。除了從打狗川船運，大部分利用鐵道運輸。第二火力也從三塊厝驛私設的「火力電廠線」運送煤炭。

　　大江組與鮫島煉瓦均是縱貫鐵道的建材供應商，承包打狗至臺南鐵道基礎工程，及高雄神社整地工程的大江組（日人大江森藏經營的營造公司）[25]，因營造工程所需，在日治初期也在磚仔窯附近設窯生產石灰，鼎盛時期，在灰窯工作的勞工也有上百人。在三塊厝煉瓦會社旁設窯燒石灰，日治中期以後，由石灰窯的包頭，鹽埕人洪仙福接手經營，改名為洪仙福石灰窯，此鐵道也改稱為「洪仙福線」。

25　《高雄神社營造誌》，《高市文獻》第十七卷第一期，楊玉姿譯，
　　p. 31。

煤煙染黑的中都天空

　　為了工場原料產品的運輸，從三塊厝驛站連結至各工場所架設的「煉瓦會社線」、「大江組線」、「東洋製罐線」、「高雄酒精線」、「火力電廠線」，為現今中華橫路。此路線從三塊厝驛為起站，終點站在臺灣煉瓦工場內，經各工場時，再從煉瓦會社線分歧軌道進入，終點在臺灣煉瓦靠高雄川前的「煤炭圍」（今愛河中都橋、中華橫路附近）。運送著工場生產的煤炭、糖蜜等原料，及磚塊、石灰、酒精等成品。另外有一條火力發電廠專用的煤炭輸送鐵道。沿著此煉瓦會社線，鐵支路邊有一小路，為中都地區做工人通往三塊厝的唯一通道。

　　工業地的三塊厝，聳立天際的大煙囪，猛烈吞吐著濃黑的煤煙，再加上石灰窯的灰霧瀰漫，而排水不良的泥濘牛車路，讓這個地區的對外交通非常不便，是生活環境惡劣之地，但是對於從各地到高雄「賺食」的做工人，濃密的黑煙代表的是一家人溫飽的保障，而且出鍋爐未完全燃燒的煤屑，附近的居民撿拾回去可當燃料，甚至還發展成一門以捏煤球（GARA）為家用燃料，送到鹽埕、三塊厝等客戶家裡的生意呢！

　　雖然是幾乎封閉式的「做工人」生活環境，但大家也甘之如飴。而當時在今九如陸橋下，由澎湖的鄉親供奉觀音佛祖、五府千歲的「開王殿」是中都做工人的信仰中心，也是精神的寄託，不論是病痛、疑難雜症等，甚至連工場的工安難解之事，都有求必應，迎刃而解，其中信徒不只是此地的做工人，外地的信徒也不少。民國三十六年因九如路開闢，才遷至同盟三路184號現址，近一、二十年來因為管理上的問題，開王殿的香火才逐漸稀微。

愛河上運送原木至木業公司／黃履貞提供

4 合板工廠進駐中都

木業的貯木池／許玲齡提供

　　臺灣戰後中都區域還是高雄的工業區。此地水塘、渠道密布的
地形，吸引了新興的行業至此發展。從上海撤退到臺灣的揚子木材
公司，就在今力行路南面設廠，屬國防工業的揚子木材公司製造的
登陸小艇，即利用力行路旁的溝渠運輸。揚子木業高聳的圍牆，嚴
密的管制，對中都的做工人而言，是很特別的工場。惟民國四十四
年，揚子木業因通貨膨脹導致進口木料大漲而宣告破產關廠，也因
而引發當時核准對揚子木業融資的經濟部長兼中央信託局長尹仲容
被提起公訴，雖然被宣判無罪，但隔天尹仲容即宣布辭職。[26]

　　民國四十六年唐榮鐵工廠的唐傳宗向工礦公司購得戰後接收
自臺灣煉瓦的磚窯廠，改名唐榮鐵工廠股份有限公司高雄磚場。
四十八年華園飯店投資「高雄合板工廠」，工廠範圍包括今中愛街
（原名實踐巷，為高雄合板捐出，供社區通路）、文興公園至愛河
河岸，工廠進口的原木，即由愛河河道直接托運。高雄合板當年建
廠整地時，挖出了不少無主的先人骨骸，建「聖公媽廟」供奉，原
在合板廠區內，當地的居民祭祀不易，於民國五十三年由合板廠提
供中愛街現址重建，現為中都地區的公廟，每年農曆的八月初八聖
公媽生日，聖公媽廟會舉行隆重的祭典，並安排一連好幾天的外臺
戲。中愛街一帶也是合板工人聚居之地，而聖公媽廟也成了社區聯
誼中心，午後，一群老阿公們在這談天論地，政治、經濟、選舉都
是熱門的話題。

---

26 民視新聞網標題：「外貿會主委尹仲容病逝」。

▲ 三塊厝新闢中華路之合板工廠 / 許玲齡提供

▼ 過去的貯木池，現在已成為美麗的濕地 / 許玲齡提供

5 高雄都會區邊陲地帶

在中都地區設廠的陸續有高興昌鋼鐵公司等，也因而聚居的做工人越來越多，但屋舍大多是占用公地、臨時搭建之簡陋建物，道路彎曲狹窄，因無排水溝，家庭用水直接排放到路上，因此泥濘難走。甚至於民國四〇年代，高市府向唐榮磚窯廠商借磚仔窯前的空地（今中都戲院一帶）作為垃圾堆積場。如果要說中都地區最早的樓房，則是五〇年代鹽埕聞人蕭佛助在中愛街蓋的二樓販厝。

民國五十五年垃圾場填土掩埋，開闢中都街後，中都地區生活品質才稍有改善。在中都街上蓋戲院大樓的建築商，為了促進繁榮，規劃樓下為菜市場，是中都唯一的商業區。而中都戲院以脫衣舞、清涼秀在勞工階層聲名大噪後，原先的「磚仔窯」、「灰窯」等地名被「中都」取代，中都戲院也曾盛極一時，只是這都已成歷史記憶，戲院已歇業良久，菜市場的生意也被內惟黃昏市場、家樂福取代了，斑駁老舊的建築物，沒落陳舊的市場，令人無法想像當年摩托車塞滿了附近街道的盛況。

中都地區以往的對外交通也非常不便，「煉瓦會社線」鐵道旁的小路是往來三塊厝的主要道路，也是早年對外的唯一道路。民國五十一年中華路開闢，繼而闢建鐵路地下道，拆除煉瓦會社線鐵道，改成中華橫路，再延伸建了中都橋與河西岸連接，同盟路建國橋段於民國八十四年完工後，中都地區的交通才稍有改善。社區內彎曲狹窄髒亂的道路於民國六十八年開闢力行路、中和街、中原街後，整個環境品質才見大幅度的改善，既使如此，當年開路的市長王玉雲來到中都地區，卻受到當地居民「潑糞」的無情對待，也讓公務人員見識到做工人的率性與激烈。中都的公共建設長期被市政府忽略，早期開闢道路卻未裝設路燈，入夜後漆黑一片，十年前才見改善。

九如眷村內原日本海軍通信指揮所／許玲齡提供

九如眷村內原日本海軍通信指揮所／許玲齡提供

　　以做工人聚居的中都區，倒是有一座眷村——九如新村，編制為九如里。九如新村位於九如三路、中庸街交會處，住戶約三十餘戶的眷村入口，高掛著九如新村的圓拱鐵框，是高雄市行政轄區最小的里（面積約0.0858平方公里），也是高雄市最迷你的眷村。迷你的九如新村，在日治時期為日本鳳山海軍無線電信所高雄受信所駐守營區，四棟營房的建築物完成於1926年（大正十五年）[27]。根據磚仔窯的燒窯老師父回憶：駐守通信的日籍官兵，得空時，也經常過來磚仔窯與日籍廠長等閒聊。

　　太平洋戰爭期間，通信所的營區也是盟軍轟炸的要點，緊鄰的磚仔窯也遭池魚之殃，水泥煙囪及兩座八卦窯嚴重受創，幸而兩根人工堆砌的清水紅磚煙囪躲過了戰爭的摧殘。民國三十八年自大陸撤退的原陸軍「高雄要塞守備團」眷屬被安置在通信隊的營舍，四十六年又配發空軍高砲部隊眷屬住進原屬陸軍總部列管的眷村，這個迷你的眷村也分為兩個單位：單號屬陸軍，雙號屬空軍。五十六年九如三路開闢後，奉陸總核准改為「九如新村」。民國八十五年國防部為加速更新老舊眷村，遂訂定國軍老舊眷村改建條例，九如新村的眷戶們也面臨拆屋搬遷的命運，新分配的屋舍在中華五路獅甲國宅，民國九十五年九如里更因為九如新村拆除而撤裁。

27　《高雄市志》卷七第三篇「公共工程」，高雄文獻會出版。

已停工的台灣鳳梨公司／許玲齡提供

在臺灣工業轉型、傳統產業外移的時代變遷中，原是工廠密集的中都地區風貌也大不同。酒精會社因實施酒專賣制度及原料酒精取得不易等因素，在日治末期已關廠。灰窯在五十八、九年關廠不再燒製石灰；高雄合板於民國七〇年代遷至東港；第二火力發電廠也運轉至民國六十五年結束，拆除燃煤的發電設備，現為臺電修護處南部分處及三民變電所；唐榮磚窯廠在民國五十六年以後因鋼鐵廠耐火磚的需求，拆除五座八卦窯改建燒製耐火材的倒焰窯、隧道窯，到了民國七十四年因環保、價格競爭等因素，終於關廠不再運作，但辦公室仍持續使用，直到九十一年八月，員工才撤離。

原本濃煙蔽天、機器吵雜、車輛、工人忙碌進出的工業區，趨歸平靜，廠房拆的拆、賣的賣。失去了工作的力場，做工人只好另覓生路，年輕人口逐漸外移，中都地區逐漸老年化，而早期暫住工廠附近的違建戶，經多年後衍生更複雜難解的問題。一棟棟的住家樓房取代了原先的工廠，外來人口移入，中都風貌在逐漸轉變。

目前中都工業遺址就僅存唐榮磚窯廠。民國九十一年唐榮鐵工廠欲以變更都市計畫的工業區為住商特定區後，將有九十年歷史的八卦窯、清水煙囪、倒焰窯、隧道窯等廠房拆除。文化愛河協會為保存這些在製磚業曾經舉足輕重、臺灣僅存最早的八卦窯，以及甚具歷史價值的工場，聯合在地的文史社團，向文化局提出指定為古蹟的緊急呼籲。九十二年經古蹟審查通過為市定古蹟，九十三年六月又經內政部指定為國家古蹟。高雄市都發局也以唐榮磚窯廠的廠區劃定二·二七公頃為文化園區，沿愛河邊至亞洲聯合木業為公園綠地。曾經閒置荒廢的工場遭受中都居民的抱怨與怪罪，認為高聳的煙囪斬斷了中都的地脈，但是，曾經在磚仔窯做工的人可不這麼想，「乞丐趕廟公」磚仔窯人如此說，中都是因為磚仔窯才得以發展起來。

指定為國家古蹟的唐榮磚窯廠，文化園區加上公園綠地，若能妥善規劃，賦予古蹟新意象、新內涵，能再造老煙囪的春天，這是中都地區發展的轉機。

8 來打狗賺吃的做工人 ——中都七里

磚仔窯的黃昏

　　「磚仔窯」與中都的淵源甚深，從1899年鮫島煉瓦工廠，因三塊厝人煙荒渺的河灘田地價格便宜，土質適合製磚設廠後，開始有來打狗「賺吃」的島內移民，在磚窯廠前聚居。

　　最早來到磚窯廠爲澎湖的移民，大多住在磚窯廠所提供的工寮（今九如陸橋下），而來自臺南北門、佳里的移民則以駛牛車爲業，幫磚窯廠運磚。牛（車）寮位置爲今中都街91巷至97巷之間，來自佳里的做工人在磚窯廠前的牛（車）寮安頓了身家後，回家鄉迎來王爺建「北安殿」供奉。民國七〇年代原本爲磚仔窯做工人信仰中心的「開王殿」，因爲廟公將信徒集資欲重建的建廟基金捲款而逃，接手的廟公也無心經營，香火因此式微，隱身於牛車寮巷內的「北安殿」取代了「開王殿」，成了磚仔窯的信仰中心，也是中都做工人閒暇時聚集「抬槓」之處。

　　陸續在中都地區設廠的有日治時期的酒精株式會社、大江組燒咕咾石石灰的灰窯、新式機器製罐的銅釭會社，以及打狗的第二火力發電廠也在打狗川畔設立。戰後，又有楊子木業公司、高興昌鋼鐵廠等，中都地區成了做工人群聚之地。

　　當年的工廠大多爲包工點工制，德西、川東、裕民里民大多在磚仔窯做工，靠勞力「賺吃」的辛酸，可由當地的俗諺「打狗山戴王（鳥）帽，磚仔窯人倒地餓」感受。

因為大多為勞工階層，中都早年的生活環境很差，道路彎曲狹窄，房舍低矮，甚至市府向唐榮磚窯廠商借空地為垃圾堆積場（今中都戲院一帶）。幾乎無任何公共設施。直到民國六〇年代王玉雲當市長時開闢力行路、中和街、中原街等才令交通順暢。不過當年王玉雲到中都來，亦曾遭受當地居民「潑糞」的激烈對待。

民國五十五年中都街開闢後，中都戲院為了促進當地的繁榮，特別規劃了戲院樓下為菜市場。當年的中都戲院以脫衣舞、清涼秀出名，此地區也因此改稱「中都」。

竹籬笆外的春天

中都七里中，九如里為區內唯一的眷村，日治時期為日本海軍通訊隊，戰後，原「高雄要塞營區」住戶及陸軍、空軍高砲眷屬到此定居。五十六年奉陸總核准改為「九如新村」，現今房舍低矮老舊，巷道狹窄，年輕人口外移，里民全為退除役官兵及眷屬。

中都地區在中華路鐵路地下道、中都橋未建造，同盟路未打通前，中都猶如一閉鎖的孤島，對外交通非常不便。而以勞工階層為主要社區結構，公共建設也被市政府長期忽略，以往入夜後漆黑一片，近十年來才略見改善。聯外道路為中華二路、中華橫路、同盟三路、九如三路。近年來年輕人口逐漸外移，成為逐漸老化的社區。也因外來人口不多，鄰里之間大多互相熟悉，生活形態猶帶鄉村單純樸實的性格，居民純樸，待人熱誠。

Chapter 3

9 中都的嘉年華會

——八月八日聖公媽廟會

中都聖公媽廟／陳淑端提供

　　穿過建國橋旁的鐵道地下道往北，新建的連棟透天別墅廣告招牌迎風搖曳，新穎的建材與造型，迥異於中都老社區老舊狹隘低矮的屋舍。「愛河戀」的工地，原本是中都已外移的高雄合板公司工廠廠區。創辦於民國四十七年的高雄合板，為華園飯店的投資事業，唐榮鐵工廠鋼鐵王唐榮之子唐傳宗也私人投資二百餘萬元。高雄合板廠於民國七〇年代初遷廠至東港，合板廠土地轉售，目前為京城建設擁有。「文興公園」為工廠用地變更都市計畫時的公共設施，也是中都唯一的公園。

　　位於文興公園旁，中愛街、中都街及中庸街三角地帶的萬聖公媽廟，為中都地區的公廟，農曆八月初八萬聖公媽生，中都地區會舉行隆重的祭典，即見漫天鑼鼓喧囂、震耳欲聾的鞭炮火花，以及在廟前搭棚子連續熱鬧好幾天外臺戲。萬聖公媽廟原來在力行路附近，早期是由附近火力發電廠、灰窯等做工的人起蓋一小廟虔誠膜拜。民國四十八年高雄合板廠設廠，工廠的圍牆將原來的小廟圍在

聖公媽廟內以花露水、白粉、梳子等作為供品，極為特殊罕見／陳淑端提供

聖公媽廟拜殿／陳淑端提供

廠區內。後來合板工廠整地時陸續挖出無主遺骸，也一併存放在原來的小廟，空間甚爲狹窄，工廠雖讓當地居民入內祭祀之，但進出甚爲不便，因此於民國五十三年，由合板廠劃撥廠房一角，將萬聖公媽廟遷至中愛街現址，香火日盛。

　　中愛街原名實踐巷，原爲高雄合板廠的土地。中愛街附近居民大多爲高雄合板廠的員工，早期中都的道路都是彎彎曲曲的羊腸小道，環境甚不理想，合板廠爲改善員工進出的交通狀況及生活環境，特提供廠方土地供社區居民無償使用。高雄合板廠遷廠後，原來的廠區土地也改建成豪華的住宅而了無痕跡，但聖公媽廟牆上還掛著當年高雄合板廠的匾額，默默的記錄著曾經有過的歷史。

靈驗事蹟口耳相傳

　　遷至中愛街的聖公媽廟靈驗事蹟甚多，口耳相傳下，信徒自四方而來，每年農曆的八月初八聖公媽聖誕，信徒將中愛街擠得水洩不通。民國九十年高雄地區桃芝颱風挾帶超大雨量的七一一大水災，愛河沿岸災情慘重，中都也不能倖免，聖公媽廟存放先人骨骸的六十個大金甕都泡了水，經廟方管委會聘請專人清洗後再重新安金。十幾年前廟方管理委員會經開會，以廟地擁擠不敷使用而議決重建，由京城建設公司捐地三十五坪，於九十一年正月二十日舉行安座落成典禮。聖公媽廟的地基低於路面約兩臺階，與高雄名聞遐邇的苓雅寮聖公媽廟有相同情形，是較爲特殊的建築形制。

　　聖公媽廟爲一陰廟，殿內的供桌上除了一般常見的鮮花素果，最特別的是供桌上的盤子上供奉著明星花露水、胭脂、花粉、梳子，那是因爲聖公媽有男有女，原本廟方只供奉香花素果，後來聖媽向信徒托夢後，虔誠的信徒就自備胭脂花粉來供奉，因此盛行至今。

三民變電所／許玲齡提供

10 三塊厝的發電所

從日治時期1922年（大正十一年）到民國六十五年止，愛河東岸南興橋（建國橋）畔日夜冒著濃煙，運轉發電的三塊厝火力發電所曾是許許多多三塊厝、鹽埕區老市民對愛河河岸景觀的記憶之一。

　　臺灣的現代化發電事業肇於1903年（明治三十六年），然而直到1909年（明治四十二年），臺灣總督府才將打狗地區劃入美濃鎮獅山里的竹子門水力發電所供電區內，主要因1908年打狗港第一期築港工程之需。打狗港築港工程完工後，以優良港埠條件及橋仔頭現代化糖廠的高產量與高利潤，促成了打狗的急需發展，新填土的哈瑪星海埔新生地建設欣欣向榮，人口遽增，且因港埠而制訂之工業發展政策，使打狗用電量大增，故於1913年（大正二年）在山下町（鼓山二路39號臺電高雄區營業處現址）建立第一座火力發電所，總經費為十三萬五千日圓，主要供應打狗港及哈瑪星鹽埕新市街的生活用電。

　　1922年（大正十一年）又提出高雄第二火力發電廠1000KW興建計劃，乃因高雄港已發展成了臺灣工業地，高雄川（今愛河）也被濬深築堤以利原料工業運輸，工業區設在鹽埕及三塊厝，高雄的電力需求大增，再加上每遇枯水期，竹子門水力及第一火力發電廠常發生供電不足現象，高雄第二火力發電廠即設立於瀕高雄川畔的三塊厝郊，附近林立的工廠有東洋製罐、酒精會社、南興精米廠、臺灣煉瓦高雄工廠等。三塊厝的發電所運轉所需的煤炭除了從愛河水路運輸，從三塊厝驛方面亦有工廠會社支線鐵道輔助運輸，當年儲放煤炭之處為今「愛河戀」社區。

　　因為高雄用電量需求益發增加，三塊厝火力發電所於1927（昭和二年）、1930年（昭和五年）兩次擴充設備而達總發電量一萬三千KW之規模。戰後改制「高雄發電所」，民國三十三年又改為「南部發電廠高雄分廠」。前鎮的「南部發電廠」開始運作供電後，三塊厝的發電廠因位於市中心，燃煤濃煙對市容環境影響頗大，且煤炭儲放地與唐榮磚窯廠土地糾紛等問題，於民國六十五年拆除結束運轉不再燃煤發電，原址（市中一路407號）現為臺電修護處南部分處使用，在同盟路旁（305號）的為三民變電所。

蚵灰的工法和石灰工法相同／許玲齡提供

11 灰窯的故事

灰窯精神

「咱中都這，卡早除了叫磚仔窯，嘛叫做灰窯。」嗓門特大的中都力行里里長李水池，逢人就如此介紹中都這個從日治時期，因磚仔窯而發展出的做工人社區。

「灰窯收起來不做已經三十幾年囉！差不多民國五十八、九年就收起來了，現在都已經看不到了。」世居鹽埕區，七十六歲高齡，仍是精氣神十足的洪金柱，指著中華橫路、中道街一帶，原先灰窯的窯址，而今已是樓房一棟緊挨著一棟的社區，宏亮的聲音，清晰的記憶，依稀能感受當年經營灰窯的精神。

「灰窯」，中都社區的老阿伯們，對石灰窯可都有深刻的記憶，住在九如陸橋下唐榮磚仔窯工人宿舍，從阿公時代由澎湖渡海來臺，三代都在磚仔窯當包頭的六十多歲黃天發鄰長，小時候走田埂路到三民國小上下學時，總是會繞到灰窯看看工人燒石灰，「灰窯暝也燒，日也燒，煙很嗆！」

石灰，早年是「起大厝」的重要建材。燒製石灰的歷史淵源流長。目前已考古出土年代最久遠為中國漢朝時的石灰窯遺址。千年來漢人建造傳統磚造屋舍，石灰常與熬煮的黑糖糯米汁調製成「三合土」以作為黏著劑，或摻砂塗抹於夯土牆壁，兼具粉飾與保固。另外造船時，亦需以石灰與桐油製作之灰漿，作為隙縫填補劑，以防船板漏水，使其堅固耐用。

打狗燒石灰

臺灣很早即有燒製石灰的紀錄，在打狗，有文字記載的為荷蘭人的「大員（安平）商館日誌」：「……有很多漁船及商船從大員航行至打狗捕魚或購鹿皮、石灰等物。」早在十七世紀前，打狗已有燒製石灰的行業了。打狗燒製的石灰裡最佳的原料當然是柴山上珊瑚礁形成的「咾咕石」。咾咕石有百分之九十八碳酸鈣的成分，是燒製石灰最佳的「石灰石」。至於同樣燒製咾咕石的還有關

仔嶺、清水巖等地。而西部沿海地區盛產蚵類，如臺南，在荷據時期也有關於燒蚵灰工匠的記載[28]。咾咕石燒製的石灰質地細、油脂高，黏合性強更勝蚵灰，蚵灰則因色白，塗抹牆壁較為美觀。

打狗古早燒製石灰為位於柴山下的崎腳、同安寮（今鼓山路臺灣水泥露德天主堂附近）蔣姓、洪姓家族。從清領時，即就近採咾咕石，並以柴山的薪柴燒製石灰。道光五年再築左營舊城，砌磚的三合土所需的石灰，可能就是由柴山下的灰窯供應。

日治初期，1900年打狗至臺南的鐵道通車，為小漁村牽引了現代化的第一步。日本三井財團在橋仔頭設立臺灣第一座現代化製糖廠，更引發了1908年的打狗港築港工程，也揭開了打狗大蛻變的序幕，打狗人口遽增，大興土木建築廳舍住宅，石灰供不應求。日人所經營的營造廠因建材所需，在柴山下改建以煤炭燒製的石灰窯，提高了石灰產量。當時鹽埕區的胡知頭，即作為日本海野組灰窯的包頭，便成了聞名全臺的石灰大亨。

約於1920年代，日人大江森藏經營的大江組（大江營造廠），就在三塊厝（約今中華橫路、中庸街一帶）建窯生產石灰。大江組責任施工的有臺南打狗鐵道工程及1928年（昭和三年）的高雄神社整地工程，是打狗殷實的營造廠。

「灰窯以前是日本人大江組開的，在造橋、起厝，是營造廠兼燒窯做石灰，差不多和磚仔窯同有八、九十年的歷史。阮阿伯日本時代就佇灰窯作包頭，我出世伊就在燒石灰，若還在，算起來嘛有一百十一歲囉！」在地的鹽埕埔人洪仙福，在石灰窯當包頭，由於勤奮可靠，為大江組立下許多汗馬功勞，便獲得了石灰窯的經營權，戰後改名以「洪仙福石灰」品牌繼續營運，在鹽埕區也是貲財雄厚的建商。熱心公益的洪仙福，在民國三十五年鹽埕廟——三山國王廟重建時，慷慨捐輸，在重建的捐款匾額上，與鹽埕聞人林迦並列首名。

---

28 臺南安平蚵灰窯文化館。

保持傳統灰窯建築的台南安平蚵灰窯文化／館許玲齡提

　　「我二十六歲接手經營灰窯。」洪金柱原先在哈瑪星西子灣隧道前的豐國鐵工廠做翻砂的學徒，後來才到灰窯做阿伯的助手。民國四十二年正式接手灰窯的經營。灰窯頭家的辛苦，可真一語難以道盡。」誠如洪金柱所言，這是非常艱苦的行業。

從堅硬到柔白的血汗史

　　從堅硬的石頭到細緻柔白的石灰，明末名將于謙流傳千古的〈石灰吟〉：「千錘萬擊出深山，烈火焚燒若等閒；粉身碎骨全不怕，要留清白在人間。」一字一句，凝聚的是灰窯工人的血和淚。

打狗燒製石灰的咾咕石採自柴山，日治時期，經營灰窯需標山雇工採石頭，早期以手工開採，憑著採石的苦力一刀一錘的敲下石頭，後來便用炸藥炸山，戰後便有專賣咾咕石的行業了。內惟的蔡天送在當年專門向政府標山採石頭。炸山採石頭也需專業知識，才不致釀成崩山的事故。民國五十年六月半屏山山崩慘劇便是源於不當的炸山開採。

　　買來的咾咕石，工人還得將大石塊敲碎成大小均等的小石塊，燒窯的工人再將小石塊一擔一擔的挑到窯裡燒製。除了挑石塊，還與石塊的比例為一比一。每個工人一根扁擔兩籮筐，挑的可都是上百斤的重擔呢！

　　在三塊厝的灰窯，外圍為石砌長矩形，宛如一座城堡，外觀大異於鼓山元亨寺後目前僅存的圓形灰窯。

裡頭有兩座直徑

柴山上的灰窯／許玲齡提供

太子爺興外境

約十五、六尺的窯，窯外及窯洞旁築有土路讓工人挑石塊、煤炭。窯分上下兩層，以鐵條隔開。上層如圓鼎，以一層石頭、一層煤炭的工序層層倒勻覆蓋，從底下引火燃燒後，即終年不息，每天只要酌量加石塊、煤炭即可。石塊燃燒完全後，會掉到下層斜放的鐵板上，再拿長鐵杓將已燒好的石塊撥出，這是生石灰。生石灰放隔夜後，視銷售量再加水，即成熟石灰，經機械過篩後包裝，就可販賣配送給客戶。

當年在灰窯的工人也將近上百位，做的都是敲石塊、挑石塊、煤炭、篩石灰等粗重的工作，而當時的工作環境也令人難以想像，因為石灰的鹼性會侵蝕皮膚，就是大熱天，也得把全身包的密不通風。每天下工時，全身還得用火油[29]將灰抹掉，否則皮膚會癢會受傷。而燃燒的濃煙從窯洞直接排放，灰窯整天瀰漫著嗆鼻的煤煙灰霧，但是為了一家老少的溫飽，再艱苦的行業，還是有人願意做。

灰窯的頭家除了要進料——石塊、煤炭，還得管理工人、發落運輸、自負行銷等，甚至還兼營「牛車運輸隊」，請了十幾個工人，到山上載石塊，配送石灰給高雄地區的客戶等。至於遠地客戶就得依賴鐵路運輸，三塊厝火車站從日治時期開築的「煉瓦會社支線（今之中華橫路）」是運送基隆來的煤炭及配送石灰的主要運輸工具。但是水泥大量生產後，因燒製石灰的大量濃煙與瀰漫周遭的石灰粉屑造成很嚴重的環境污染，石灰的優勢逐漸不再。

「紅毛土（水泥）大量生產，價格便宜，起厝普遍用紅毛土後，石灰生意就一落千丈。民國五十八、九年要改勞基法時，我就收起來，算甭合啦！再說，這款艱苦的頭路，現時沒人願意作了！」談起當年經營「洪仙福石灰」灰窯的點點滴滴，燒製石灰火煙迸發，忙忙碌碌的繁盛歲月，如今皆已煙消雲散，不著半點痕跡，洪金柱不免感嘆。

---

29 點燈的油。

愛河中都濕地／許玲齡提供

Chapter 3

12 舊中都新風景
　　——中都溼地公園

2011年四月完工開放的中都濕地，座落於三民區同盟路、九如路及十全三路交叉口，面積約有十二公頃，瀕臨愛河中游河段的中都溼地，為打狗老聚落三塊厝的開墾範圍，但對感潮河川的愛河並無灌溉之利，且土質屬粘土，排水不易，因而此地為河濱荒地。

　　1899年臺灣總督府開築臺灣縱貫鐵道，由鮫島盛創辦，供應鐵道建材的鮫島商行以此地土質適合製磚而設置三塊厝煉瓦工場。1908年打狗港現代化築港工程開始後，港市蓬勃發展，建設繁榮；1913年改組為臺灣煉瓦株式會社的打狗工場，也擴大成全臺規模第一的磚窯廠，而為取土燒磚，乃沿愛河兩岸購置荒地。

　　二戰後，1947年國民政府頒布阿里山林場禁伐令，各大林業公司乃自南洋進口原木，於高雄港卸貨。為運輸考量，以磚窯廠周遭取土的窪地開挖渠道成貯木池，即可利用愛河水路托送原木，在嘉義的林商號林業公司率先跟磚窯廠購地設廠，而後亞洲聯合木業、朝陽木業、三義興木業等相繼前來設廠，愛河中游成了合板業工廠密集區。

愛河中都濕地／許玲齡提供

▲ 中都願景橋／許玲齡提供
▼ 中都濕地／許玲齡提供

1980年代後合板產業逐漸外移，此地廠房逐漸廢棄，貯木池成了魚塭，或填爲汽車駕訓場，或成廢棄物堆置場，環境髒亂不堪。

　　2004年唐榮磚窯廠經指定爲國定古蹟，原爲工業區的中都溼地，經都市計畫重新規劃爲綠地公園，並於2010年開始闢建溼地公園，利用原貯木池與愛河連接之渠道，搭配愛河潮汐水位，引進海水，因而溼地內水道邊遍植海茄苳等紅樹林樹種，恢復原愛河內的植物景觀，而位於遊客中心旁長達七公尺的原木，則是施工時，從舊貯木池挖出。中都溼地施工時保留了大部分的樹木，中都溼地可串連國定古蹟中都唐榮磚窯廠，作爲休閒遊憩、自然生態教育皆宜的多功能溼地公園。

愛河中都濕地／許玲齡提供

中都濕地 / 許玲齡提供

太子爺興外境

　　中都溼地公園規劃時，緊臨之原工業區正進行市地重劃，因而原本工業區內諸多抵觸道路、公共設施用地的參天老樹，皆移植至溼地內種植。包括兩株列管的珍貴老樹（三民009榕樹、011雀榕）。施工監管單位地政處依據「高雄市珍貴樹木保護自治條例」，責成移樹廠商提出嚴謹的移樹計畫書，經「高雄市樹木保護委員會」審議通過後，先進行移樹之前截枝、塗藥、斷根、包覆草蓆再覆土之工作，等根部新根系長出後，再進行移樹，移種後澆水等工作更須妥善照護。其中編號011雀榕因樹形過於龐大，加以移種至新填土之高地，土地鬆軟無法負荷因吊掛雀榕而超重的起重機，過程真是驚險萬分。而完整的移種程序，也在樹保會委員監督下進行。移植在中都溼地公園內的榕樹與雀榕，今已蓊鬱翠綠、枝葉濃茂。

愛河中都濕地解說牌／許玲齡提供

遊民的寄託──
阿嬤的晚餐、行德宮的溫馨

　　緣起於一個小小的發願，讓一、二百位流離於街頭的遊民，能享用一頓溫馨而有尊嚴的晚餐，那是七十歲的阿嬤林阿罕的慈悲心。

　　民國八十三年左右，年輕即守寡，上有公婆，下有五個子女，從宜蘭到高雄打拚，被生活重擔壓的喘不過氣的林阿罕女士，看見一個流浪漢翻著餿水桶找食物，阿嬤大為不忍，便發心做便當給遊民吃。顧不得拮据的經濟，以及帶病的身體，從五個便當開始，到現今每天一、二百個便當，已經持續不斷超過十餘年了。阿嬤每天忙得團團轉，但是身體卻愈康健，而行德宮也成了街友們晚餐的寄託。

　　長期供應遊民每天一頓晚餐，阿嬤曾經遭遇許多困難，最早阿嬤拿自己的私房錢全部投入，但很快就罄其所有，於是成立行德宮功德會對外募款。阿嬤的義舉感動了善心人士，有的提供食材如青菜、魚類、肉類、麵包、饅頭、食米等，有的來幫忙煮食做義工。而經過電子平面媒體報導過後，四方贊助的人更多。各方捐贈的資

行德宮林阿罕阿嬤／許玲齡提供

糧若用不了，行德宮也會轉捐給有需要的孤兒院等其他單位，或同有善行的人士，將剩餘的食材發給貧苦的家庭，以改善他們的生活。

　　行德宮供應遊民晚餐的初期，曾經遭受當地居民的抗議，因此阿嬤的大兒子林朝安，特別研究管理的辦法。對於領便當的街友，經口頭詢問簡單的家庭背景資料後，發給一張慈善關懷卡，每天五點到五點半，有關懷卡的街友要排隊領便當，五點半後若便當尚有剩餘，才發給無卡的街友。領了便當要向菩薩謝恩，不准亂丟垃圾，不供給喝酒的人，也不准打架鬧事；若有，則採連坐法，停伙三天沒便當吃。

　　行德宮每二個月為街友辦義診，街友若生病，會開證明讓街友們到立委林進興的診所免費看病。為了幫助這些一時落魄的街友，行德宮會介紹街友臨時性的工作。有些街友也會主動幫忙行德宮的工作，有了工作的街友，賺錢後，也會拿幾包米來，表達其感恩的心。

　　力行路頭榕樹下，簡陋的行德宮廚房，每天下午散發出的菜飯香，就如林阿罕阿嬤親切和藹的笑容，是如此的芬芳溫馨。

街友領取便當／許玲齡提供

三塊厝 Chapter4 的國定 古蹟

　　從1899年就在三塊厝郊河灘地冒著濃煙的磚仔窯，歷經百年，於2004年六月五日通過內政部國家古蹟審查，指定工廠內的一座八卦窯、兩座磚造煙囪（內有三座倒焰窯、一座隧道窯含乾燥窯及應備之附屬設施）列為國家古蹟，為高雄市以工業遺跡列為國家古蹟的第一座，在工業產業文化資產保存意義重大。

　　臺灣煉瓦株式會社打狗工廠（三民區中華橫路220號）為高雄第一家磚窯廠。歷經鮫島煉瓦工場、臺灣煉瓦株式會社打狗工場、高雄工場、工礦公司高雄磚廠、唐榮公司高雄磚廠、耐火材料廠、不鏽鋼廠、耐火材料工場等經營權及工場名稱多次迭更。2003年唐榮鐵工廠原欲拆除已停工撤廠的製造設備、燒窯建物，但經文化愛河協會以此磚窯廠見證高雄城市發展，且八卦窯、倒焰窯、隧道窯俱足，為臺灣磚窯廠僅見，乃呼籲保留，並於2005年指定為國定古蹟。

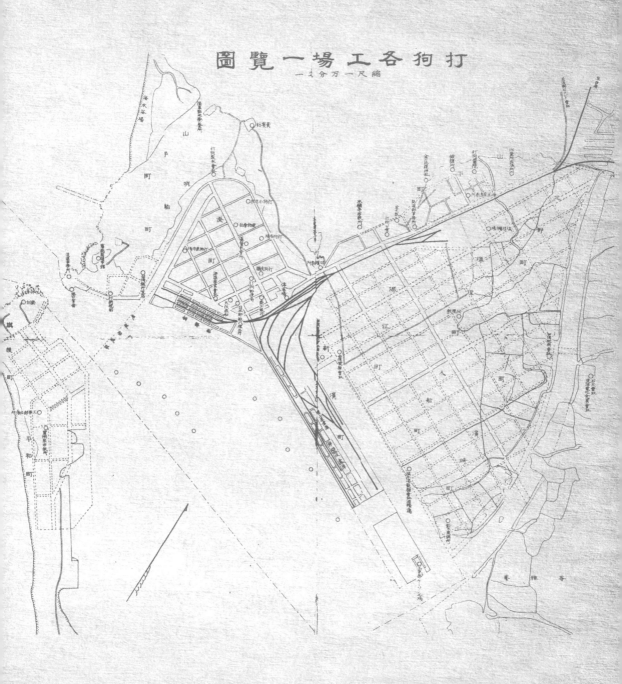

打狗各工場一覧圖

縮尺一万分之一

唐榮磚窯廠／許玲齡提供

打狗第一家煉瓦工場——鮫島煉瓦

　　臺灣磚窯業的發展，可上溯荷據時期，荷人來臺後，在今日安平興建城堡，起初建築用的磚塊購自中國[30]，後來雇用福建工匠來臺取土燒磚[31]。明鄭時期則有陳永華教匠取土燒瓦[32]，爲臺灣燒窯事業的開端。但磚造建築物大多位於沿海地帶，且漢人只是季節性在臺從事魚捕墾耕，搭蓋的房舍大多爲就地取材的臨時房舍。康熙年間臺灣南部聚落已形成，市街已發展，但磚瓦等建材大多仍自中國運送來臺，臺灣自產者仍爲少數。清朝中葉以後，漢人大量移民臺灣，墾殖並落地生根後，臺灣磚瓦大量使用，也因磚瓦的需求，磚瓦業被引進，但因磚瓦品質略遜進口磚瓦，唐山來的磚瓦建材仍是首選。

　　清朝時爲蕞爾漁村的打狗，未見有磚瓦窯業記載，1865年英商天利洋行在哨船頭建造的磚造洋樓，根據當時臺灣領事郇和（Robert Swinhoe）在1865年寫給英國署理公使威妥瑪（Thomas Wade）的信上所說：「…新房舍的完工，那是天利洋行新近建造的。所有的建材均來自廈門……」[33]直到清末，民間有財力者，建造房舍仍以來自中國優質的磚瓦爲優先考量。

　　1895年臺灣割日後，首任臺灣總督樺山資紀爲了臺灣殖民地政權的掌控及防禦，八月向日政府建議興建臺北至高雄的縱貫鐵路。任職臺灣總督府文書課的日人鮫島盛，因臺灣總督府擬開築臺北至高雄的縱貫鐵路，大量石材、磚塊等建材需求引發的商機，乃辭去公職，在大稻埕六館街設立鮫島商行，鮫島商行起先從日本船運煉

30　曹永和著，《臺灣早期歷史研究》，大員商館日記，1636、1637年條，p. 245，臺北聯經，1991年11月4印。

31　陳信雄，《陶瓷臺灣》，p88-92。晨星，2003年8月。

32　江日昇，《臺灣外記下冊》，卷十三，p. 235。臺北世界書局，1979。

33　葉振輝著，《打狗英領館的文化故事》p. 2。高雄市政府文化局，2004年10月。

瓦來臺，但易破損及高昂的運費導致成本過高，而始於臺北圓山設立煉瓦工廠[34]，任用後宮信太郎，開始其煉瓦事業，在臺灣各地設立磚窯廠。

由於臺灣鐵道南北分段通車的策略，1899年（明治三十二年）設立「臺灣臨時鐵道敷設部打狗出張所」，籌設打狗至臺南鐵道路測量及開築工程，1900年臺南至打狗鐵道通車。約1899年，為供應鐵道的建材，鮫島商行在打狗人煙稠密的旗後街設支店，在三塊厝的郊區投資一萬五千日圓，創辦了有三座傳統目仔窯的鮫島煉瓦工廠，是打狗的第一家磚仔窯[35]。

紅磚為傳統建築最重要的建材，磚窯廠的產製，原料來源為最重要考量，細密結實的黏土是製磚的理想材料，砂質土、軟沃土缺乏黏性，陶土、瓷土收縮率大，均不適合作磚。磚窯廠需要數量龐大笨重的坯土及燃料，若無法就地取材，則昂貴的運費將不符經濟效益，磚窯業為勞力密集的產業，人力需求量高，更需要廣闊的土地以囤積坯土及燃料。紅磚的行銷也是設廠考量的要件，位於人煙稠密處，紅磚的需求量若高，運輸成本較便宜。

位於愛河與三塊厝溪交接的河灘地，是黏土地質，農耕不易，人煙稀少。1899年鮫島商行以三塊厝郊荒地的土質細密結實適合製磚、地價便宜、河道運輸便利、柴山薪柴可就地取得，以及三塊厝的人力等諸多因素考量，在臨打狗川的河岸淺灘地創辦了打狗第一家磚仔窯。

三塊厝的開墾歷史甚早，跟隨著鄭成功軍隊而來的義民原墾殖於龍水一帶，越過龍水港，有王、鄭、蔡三姓移墾今愛河與支流三塊厝溪交會之處。因此地的墾殖之利，及與愛河本流匯合的水域舟楫之便，人煙漸稠，在清朝時，已是打狗逐日為市的聚落，稱「三塊厝街」。清《鳳山縣采訪冊》記載：「三塊厝街，在大竹里，縣西十里，逐日為市。」另外則有能雅寮街、三塊厝街、旗後街、大道公街、陂仔頭街、楠梓坑街、右衝街、後勁街等老街市。

1902年（明治三十五年）鮫島盛因病過世，後宮信太郎接手經營鮫島商行，年輕衝勁但缺乏資金的後宮信太郎，取得鮫島盛家族的同意，以不領薪資工作五年抵鮫島煉瓦股本兩萬日圓，正式繼承鮫島商行，仍以「鮫島商行」之名經營煉瓦事業[36]。

引進世界最先進的循環窯（霍夫曼窯）

1903年為了與英國サミュル公司競爭，聘請「大阪窯業株式會社」改良建造傳統的霍夫曼窯（八卦窯），並正式命名為「霍夫曼改良輪環窯」，此新式窯燒方式獲得專賣特許（專利）[37]，第一座八卦窯建於臺北圓山工場，為全臺引進八卦窯之始[38]。

八卦窯為德國人弗德列治・霍夫曼（Friedrich Hoffman）1856年改良設計，取得專利，稱之霍夫曼窯（Hoffman Kilm）或輪環窯。明治維新以後從歐洲傳至日本。八卦窯為橢圓的連續性輪窯，窯燃燒方式類似八卦循環，從窯頂撒進燃料（煤），利用空氣對流產生動力提升溫度，磚的燒製溫度在九百至九百八十度C。成胚的磚塊陸續送入窯室內燒製，等冷卻後再搬運出來。改良了傳統製磚須閉窯冷卻三天的過程，因此產量大增。八卦窯開始點火燃燒後即持續不斷，一室一室經年累月的連續燒著，除非遇重大的水災或過長的雨季，無法製造磚坯才熄火停窯。「起火」在八卦窯是重大的儀式，需要準備豐盛的牲禮祭品舉辦普渡。

---

34 臺灣總督府直產局《商工資料第三號》，p77，昭和五午九月。

35 日本 芝忠一著，《新興の高雄（一）》，昭和五年排印本，成文出版社有限公司印行民，國74年臺一版。

36 西川滿，〈黃金の人〉。

37 江村恆一，《大阪窯業株式會社五十年史》，大阪；大阪窯業株式會社，p. 151，1953年3月。

38 鄧淑惠，《苗栗的傳統古窯》，苗栗縣文化局，p. 30，2001年12月。

引進八卦窯（霍夫曼改良輪環窯）生產的鮫島商行，因為產能的改善，1904年特聘「東京高工窯業課」近藤教授來臺，改良煉瓦燒製技術，除了將鮫島商行各地原先傳統的目仔窯改建新式的八卦窯外，並在葫蘆墩、嘉義、新竹、臺中、彰化又新建煉瓦工廠。鮫島煉瓦工場引進當時世界最先進的煉瓦製造技術燒窯製磚，以致產能大增，根據1914年（大正三年）的統計，「鮫島商行」期間所生產的磚塊達到兩億，占全島生產量的七成，後宮信太郎被稱之「煉瓦王」，成了臺灣耀眼的新興實業家。

而在打狗的煉瓦廠當年已規模宏大，產製的紅磚甚至外銷至他縣市。據1905年（明治三十八年）七月《漢文臺灣日日新報》刊載一篇〈打狗客談〉，[39]文中提及「……打狗山下有大阪商船會社，煉瓦廠甚大。……鐵道列車，日運磚瓦北上，殆無虛日，足見煉瓦廠製磚發售，其利甚大……」。

邁入二十世紀的打狗漁村，正面臨著大蛻變的前夕。1900年從府城臺南到打狗的鐵路開始通車，為打狗帶來現代化的第一步。財團「大阪商船株式會社」搶得先機，在打狗設立支店。接著引發臺灣第一波工業革命的新式機械製糖廠，三井集團的「臺灣製糖株式會社」在1901年於打狗附近的橋仔頭建廠。1902年臺灣總督府為獎勵製糖事業，而頒布「糖業獎勵條例」。1903年由打狗鉅富陳中和創辦的第一家新式碾米廠，「打狗精米所」在三塊厝的打狗川畔開始營業；1904年陳中和又創「新興製糖會社」；1909年後壁林糖廠（今小港糖廠）設廠製糖。由於糖業貿易豐富的利潤，而有1908年開始的打狗港現代化築港工程。去除了「打狗隙」羅列的礁石，濬深港邊淺灘地，並填起全臺第一塊海埔新生地——哈瑪星，因為港

---

39 胡巨川，〈詩酒籤隨筆〉，《高市文獻》第十六卷第三期，民國九十二年九月，p. 42。

口交通與鐵路交通的連結，打狗港的貿易額躍居臺灣第一。打狗地區因為港口的重要性益見，就業的機會增多，人口聚集，都市型態形成，城市建設雛形已啟動。

設在三塊厝的鮫島煉瓦工場，紅磚的運銷初期則倚三塊厝溪與打狗川的水利之便，1900年臺南至打狗段鐵道通車後，繼之1907年從打狗驛通往九曲堂鐵道完工，三塊厝驛於1908年二月正式營運，鐵路成了磚仔窯原料、燃料、磚塊運銷的主要運輸工具。

當年鮫島商行的煉瓦工廠遍及北中南，計有臺北廳的東勢庄、大直庄、下塔收庄；臺中廳的葫蘆墩街；嘉義廳上茄苳庄；斗六廳的石榴班庄以及鳳山廳的打狗三塊厝。

鮫島盛小檔案

鮫島盛出生於鹿兒島薩摩藩的政治世家，大哥鮫島尚信為日本第一屆公費留歐學童（到英國），日後埋為日本首任駐法大使。二哥鮫島武之助則任伊藤博文的祕書官，鮫島盛來臺後擔任臺灣總督府文書課長。1895年因西部縱貫鐵路開鑿，即辭去總督府文書課職務，在臺北市大稻埕六館街創辦「鮫島商行」，1899年因鼠疫傳染病過世。

鮫島盛肖像／引自《黃金の人》

Chapter4
2 臺灣煉瓦株式會社
時期的磚仔窯

臺灣煉瓦株式會社

　　1913年，臺灣經濟繁榮，各地建築蓬勃發展，紅磚的需求量擴大。因此有「臺灣煉瓦王」、「臺灣礦山王」之稱的大企業家後宮信太郎，結合官方資金一百三十萬日圓，在臺北成立「臺灣煉瓦株式會社」，整合「鮫島商行」各地原有之磚窯廠，會社本部設於臺北市，地址爲「臺北市表町二ノ一四」，營業項目爲煉瓦、土館、建築工用器等[40]，工廠遍布全臺，計有宜蘭、臺北松山、圓山、板橋、中壢、新竹、臺中、花壇、斗南、嘉義、佳里、臺南、岡山、高雄、屛東、花蓮等十六處工場及十九處分工場。鮫島商行在打狗三塊厝的鮫島煉瓦工場進一步更名爲臺灣煉瓦株式會社打狗工廠，並設置新式機械製造方式生產煉瓦，爲臺灣煉瓦工業的一大改革[41]。1920年（大正九年）臺灣煉瓦株式會社增資至參百萬日圓，會社本部遷至臺北市明石町二ノ二號[42]。

獨占南臺灣市場

　　1910年代的打狗，欣欣向榮。第一期築港工程完工後，糖業貿易的利潤及南部豐饒的物產，港口貿易日趨繁榮，各大商社如大阪商船、臺灣製糖、三井物產、三和銀行相繼在哈瑪星設立。竹仔門水力發電廠完工後，打狗於1909年開始供電，同年公布「打狗市街計畫」，並在哈瑪星新生地規劃施行都市發展新市街。1913年打狗上水道工程完工後，哈瑪星也率先供應自來水。位於西部縱貫鐵道終點與高雄港連接的海陸交通樞紐，具有現代生活象徵的電燈、電話、自來水齊備，哈瑪星便很快的取代了旗津，發展成打狗的政

40　臺灣總督府殖產局，「商工資料第三號」，p. 77。
41　臺灣總督府殖產局，「商工資料第三號」，p. 77。
42　《臺灣大年表》，日治時期臺灣文獻史料輯編第二號，p. 118，成文出版社有限公司印行，民國88年6月。

治經濟中心，1917年打狗支廳即由哨船頭遷移至哈瑪星。打狗港的快速擴展，第二期打狗港築港工程於1912年進行，其計畫範圍並包括濬深打狗川下游至川田橋（建國橋）河段，以利小型船隻航行之用。1920年臺灣總督府重新調整行政區劃，設高雄州，轄高雄、鳳山、岡山、旗山、屏東、冬港、恆春、澎湖九郡，高雄州廳設於山下町，「高雄」首次現身歷史。打狗人口急速增至二萬四千多人，打狗易名高雄，設高雄郡，郡役所設於湊町。繼之1924年升格為高雄市，原郡役所改為警察署，市役所設於哈瑪星（今鼓山區鼓波街27號，已改建為代天宮）並公布新的都市計畫。高雄市各地土木事業大興，市區改善，官廳、工廠、官舍、公共設施等城市建設蓬勃開展，高雄成為南方耀眼的新興都市。

　　臺灣煉瓦打狗工廠因打狗易名高雄後，亦改稱高雄磚廠。因市場需求，從最早稱為「蒸籠窯」[43]的1號窯，陸續擴充規模至六座八卦窯[44]。位於三塊厝的高雄磚場，其八卦窯的產能設備為臺灣煉瓦株式會社各工場之冠[45]，機器間則包括三座濕式製磚機，一部乾式壓磚機。而其乾式壓磚機以壓製TR標誌的一級磚，稱為「プレス（PRESS）磚」，可說是品質保證，燒好的成品每塊磚的重量都是四斤重，6×11×23公分，表面光整、線條平滑，出窯後，在

台灣煉瓦株式會社高雄磚窯／引自《台灣煉瓦見學記》

太子爺興外境

磚的兩邊上油，又稱「油面磚」，出場前尚須以紙包裝。磚的價格也比其他磚窯廠的磚來的高。根據1935年（昭和十年）「高雄州產業調查會工業部資料」所載，臺灣煉瓦出產的磚分為一至四等品以及等外品，而其他工廠的磚則約臺灣煉瓦四級品的價格。臺灣煉瓦高雄磚廠為高雄州內規模與產能最大者。至1935年時，高雄州共有二十五座磚窯廠，全年的生產量約為四千八百三十一萬塊，臺灣煉瓦為三千一百四十五萬塊，占有率高達百分之六十五[46]。而挾著八卦窯高產能設備，臺灣煉瓦高雄磚廠生產的磚塊，銷路開拓至臺南以南地區，幾獨占市場，年產量約七百萬塊，磚廠業務逐年擴充[47]。

臺灣煉瓦生產的TR磚在當年不只是品質保證，除了公家建物如高雄州廳、高雄市役所、婦人會館、高雄州立高雄中學、第三公學校（三民國小）、哈瑪星的武德殿、橋仔頭的臺灣製糖株式會社……甚至遠至臺南州廳、旗山武德殿等採用其磚外，高雄的豪門巨富建造房屋，就是指定TR磚，在內惟、左營、紅毛港等氣派的古宅，均可看到其蹤影。

---

43 蒸籠窯為最早期的八卦窯，窯體圓形，煙囪在窯體中間，形似蒸籠，故又稱蒸籠窯。

44 臺灣煉瓦高雄工廠至日治末期，規模為六座八卦窯，三根大煙囪，南（1號）煙囪為蒸籠窯煙囪、北（2號）煙囪為2、3、6號窯共用煙囪，兩者均為清水工法磚砌，由德國技師監造，本地砌磚匠師施工，完成年代較早。東則為水泥灌築煙囪，為4、5號窯共用，晚期完成。水泥煙囪曾於太平洋戰爭期間，因磚窯廠後有海軍通訊隊營區，而遭受盟軍炸毀。至唐榮磚窯廠時代才修復。第三號煙囪及、5號窯於開關中都街時，因部分抵觸道路用地，且已停燒八卦窯而拆掉。口述歷史黃奇珍先生提供。

45 《高雄商工時報》第二卷第四號，p.40，昭和十四年四月。

46 「高雄州產業調查會工業部資料」第三項煉瓦工業，p.15，高雄州廳，昭和十一年九月。臺灣煉瓦高雄工廠生產磚的價格為一等品17圓50（千箇）、二等品16圓、三等品14圓50、四等品11圓、等外品5圓50，其他工廠的磚價格則大約在9圓（千箇）至11圓之間。

47 田中一二、芝忠一合編，《臺灣工業地打狗》，p.12。

高雄市市定古蹟

* 打狗水道淨水廠：高雄市鼓山區鼓山一路53巷31之1號（1911年）
* 打狗公學校（今旗津國小）：高雄市旗津區中洲三路623號（1913年）
* 旗後燈塔：高雄市旗津區旗下巷37號（1918年）
* 原愛國婦人會館（紅十字育幼中心）高雄市鼓山區登山街28號（1922年）
* 哈瑪星武德殿：高雄市鼓山區登山街36號（1924年）
* 內惟李氏古宅：高雄市鼓山區內惟路379巷11號（1931年）
* 西子灣蔣介石行館：高雄市鼓山區臨海路70號（1937年）
* 原高雄市役所（高雄市歷史博物館）：高雄市鹽埕區中正四路272號（1939年）

高雄市歷史建築

* 陳中和紀念館：高雄市苓雅區苓東路14號（1911年）
* 高雄港港史館：高雄市鼓山區蓬萊路3號（1914年）
* 高雄中學紅樓：高雄市三民區建國三路50號（1922年）
* 高雄火車站：高雄市三民區建國二路318號（1941年）

太子爺興外境

以TR磚建造的古蹟及歷史建築

　　臺灣煉瓦株式會社打狗工場的磚塊銷貨等相關文件資料、帳冊均已佚失，而有關高雄市的市定古蹟，或歷史建築等相關資料，大多以建築物設置的年代、建築形式、功能等文史資料做探討，並未深究建材的來源，史料亦難以追查。故在調查臺灣煉瓦株式會社打狗工場生產的磚塊用於高雄市的古蹟及歷史建築時，遭遇甚多困難且曠日廢時。在文史資料無法取得情形下，口述歷史的旁徵博引則是一重要方式，另一方面就是以建築物完成的年代，即使用磚塊的尺寸做測量。在口述歷史方面，如內惟李氏古宅即由後代口中得知，家中庭院尚存有未使用之TR磚。打狗公學校、高雄中學紅

進行風乾土磚作業／引自《台灣煉瓦見學記》

樓、高雄火車站等則從磚窯廠燒窯老師傅田調得知。另一從完成的年代可推測，根據「臺灣總督府殖產局商工課」發行的《臺灣工場通覽》（出版第四七七號），至1925年（大正十四年末），位於高雄州高雄市生產內地煉瓦的工場，只有臺灣煉瓦株式會社及大港埔富紳蔡眞的大安公司煉瓦製造工場。但兩者在職工數及生產方式差異甚大，且隔年的《臺灣工場通覽》已無大安公司煉瓦製造工場。而蔡眞開設的「日昌物產合資會社」則爲臺灣煉瓦株式會社的專屬販賣店。故可知日治時期臺灣煉瓦便成爲當時建築業磚塊之主要供應者。至於旗山武德殿、臺南州廳（今臺灣文學館）、橋仔頭糖廠則是古蹟再造工程及拆除部分建築體時，有出現TR磚而據以推測。

取土、燃料、成品的運輸方式

打狗工廠所需的原料原挖自工廠後方的田地（沿愛河至中華路二路，今九如三路旁的池塘即當年取土處），隨著磚窯廠業務擴展，爲了取土，廠方也不停收購土地，範圍包括愛河邊到婦幼醫院、農十六、九如三路、中華二路等，大約有五、六十多甲地。又從工廠後方鋪設輕軌道，築輕軌鐵橋越過愛河，以牛拉輕軌臺車方式，到漯仔底取土，廠方當年還飼養牛隻數十頭[48]。1908年三塊厝火車站開始營運後，從三塊厝火車站則設有工廠專用鐵道——煉瓦會社線（即今之中華橫巷），經東洋製罐、酒精會社、大江組（灰窯）到煉瓦工廠內[49]。

---

48 口述歷史　唐榮磚窯廠包頭黃天發先生
49 「改正　臺灣鐵道貨物運賃早見表」臺灣旅行案內社發行　昭和十一年四月十日發P3511
50 「高雄州產業調查會工業部資料」第三項煉瓦工業，p15，高雄州廳，昭和十一年九月。

磚面再修整的工作都是由女工負責 / 引自《台灣煉瓦見學記》

　　來自基隆的煤炭燃料，經由縱貫鐵路，達三塊厝火車站後轉運至廠房，現今中華橫巷靠近中都橋附近即為「炭圍」——煤炭儲放處。外縣市客戶的磚塊則經由火車運送。磚窯廠的磚有專屬販賣店，為三塊厝「日昌物產合資會社」[50]。除了專屬販賣店運輸磚塊的牛車外，尚有以趕牛車為業的散戶，亦可進場運磚，只不過兩者結帳方式不同，前者為月結，散戶則需現金結帳。牛車載送外，靠愛河邊今中都橋下有一碼頭，往旗津、中洲、紅毛港的磚塊則經由此愛河水路與高雄港連接。在愛河上運磚需自備運輸磚塊專用的大型竹筏，由煉瓦工場向軍方申請，由臺灣軍經理部高雄出張所發行「出入許可證」。1940年代的南進政策，窯廠的磚還外銷至南洋，即經由愛河水運至高雄港裝船。

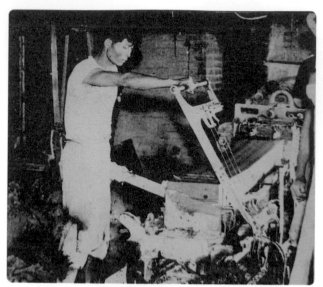

進行切磚的作業／引自《台灣煉瓦見學記》

　　磚窯業為勞力密集的工業，工廠取土、練土、製磚坯、搬運、燒窯等均採包工點工制，工廠只對包工頭負責，每月上、中、下旬發工資。除了排窯、燒窯需重金聘請有經驗的專業師傅外，其餘所需人力皆由包工頭負責。臺灣煉瓦株式會社高雄廠工人數高達三百五十人，足見其生產盛況與規模。不過因為點工制，有做工才有工錢領，磚坯需露天曬乾，是看天吃飯的行業，「打狗山戴王（烏）帽，磚仔窯人倒著餓」，這當地俗諺，道盡了磚仔窯人的辛酸。

　　早期，所需的人力，大多從三塊厝而來，如世居三塊厝的洪女士，提及曾在煉瓦會社做工的婆婆（約1914年左右），負責在磚面上油，即使綁著小腳，也天天從三塊厝走路到煉瓦廠[51]。後來人力需求增加，從澎湖而來的移民因此地的工作機會而聚居，故磚仔窯

---

51 臺灣煉瓦做工一天的工錢大約有五角錢，當時一斗米約八角錢。口述歷史三塊厝洪女士。

的工人大多為澎湖人。臺灣煉瓦在今九如陸橋旁，有簡單的四排工寮宿舍配置給包工頭，約住一百三十戶，目前這工寮宿舍幾乎三代都曾在磚仔窯工作過。而磚塊的運輸則大多為臺南縣北門地區以趕牛車為業者，為方便工作，故在磚窯外圍落戶，而形成牛（車）寮的老聚落。

工廠的正式員工大多為日本人，歷任廠長為芝原阡三郎、葛野庄五郎、久田玄昇等人。只有少數的打雜工才用臺灣人。員工配置磚造宿舍（今中華橫路南邊磚造平房），廠長宿舍則在大正建築風格的辦公室旁。

後宮信太郎小檔案（1873-1959）

1873年（明治六年）出生於京都府北桑田郡神吉村的後宮信太郎，原為鄉下地主的小康家庭，就讀同志社大學時，因父親在京都的木材交易生意失敗而家道中落，只好輟學就業，協助家計。

1893年（明治二十六年），朝鮮正值東學黨之亂，甚具野心的後宮，認為是發動亂財的機會，向叔父川和清三郎借一百元日幣前往朝鮮，但東學之亂很快被鎮壓，後宮只好又回到日本。1895年（明治二十八年）馬關條約後，臺灣成了日本的殖民地，但各地抗日活動迭起，後宮認為是機會便來到臺灣，任職於御用雜貨商同商會，因工作機會而認識了在總督府擔任文書課長的鮫島盛。

鮫島盛以西部縱貫鐵路開鑿的商機，辭去總督府文書課之職，成立鮫島商行，從事煉瓦、水泥建築材料事業，並找來後宮信太郎為助手。1896年臺北爆發鼠疫傳染病，後宮便回日本，隔年在日本結婚後又來臺，原欲經營牛肉店，但因漢人不吃牛肉，加上炎熱的氣候因素而失敗，便再回到鮫島商行工作。1902年鮫島病逝後，其子鮫島廣遠在香港，不願接手煉瓦事業，後宮以不支薪工作五年抵鮫島商行兩萬日圓之資本，繼承鮫島商行，而開始了在臺灣傳奇性崛起的一頁。甚具經營眼光的後宮為生意競爭力，引進日本最先進的霍夫曼窯，並聘請技師改良燒製的技巧，又引進機械生產設備，

後宮信太郎與妻子／引自《黃金の人》

在煉瓦業幾無競爭對手。1913年（大正二年）成立臺灣煉瓦株式會社，得總督府資金之助，而有「臺灣煉瓦王」之稱號。

後宮在第一次大戰後，戰爭帶動的全球經濟景氣中，掌握時機，多角化投資。1918年創北投窯業株式會社，燒製飯碗，後改燒耐火磚與磁磚，並改組為「臺灣窯業株式會社」[52]。1925年（大正十四年）取得金瓜石礦山經營權後，將原本虧損連連、幾乎快關廠的金瓜石礦山轉虧為盈。曾擔任社團法人「臺灣礦業會」第五任會長（任期從昭和八年一月至昭和九年七月），又被稱為「臺灣礦山王」。

擔任總督府評議員的後宮在臺灣總督小林躋造提出臺灣「島民皇民化、工業化、南進基地」目標後，1940年後宮獨自出資一百萬日圓，在臺灣總督府成立「南方資料館」，交由臺灣南方協會經營，大肆蒐集南洋各地的書籍、標本、雜誌等，設備完善，為當時甚受重視的單位。戰後，「南方資料館」撥交國立中央圖書館臺灣分館民俗器物室。

第二次世界大戰結束後，後宮在臺灣的龐大事業被國民政府接收，1959年病逝東京。

---

52 許雪姬編，《臺灣歷史辭典》，「後宮信太郎」條，p.566，遠流出版，2004年5月。

磚廠是勞力密集的工作，有工做才有錢領 / 黃奇珍提供

3 工礦公司時期的磚仔窯

1945年八月十五日日本無條件投降後，國民政府成立臺灣行政長官公署，特任陳儀出任臺灣行政長官兼警備總司令，九月頒布「臺灣省行政長官公署組織條例」，展開各項軍政接館及重建工作。同年十一月一日經濟部臺灣區特派員辦公室成立，與臺灣省行政長官公署工礦處，共同進行接收日人在臺之各種企業單位的財產。

　　工礦處下轄十二處，包括鋼鐵機構、煤礦、紡織、玻璃、油脂業、窯業、工程、電工業、印刷紙業、化學製品、橡膠、工礦器材[53]。臺灣煉瓦株式會社即歸屬於工礦處臺灣省窯業公司接收。

　　1947年二二八事件後，臺灣行政長官公署改制臺灣省政府，同年五月整合工礦處所十二大公司，成立臺灣工礦公司。1949年郭克悌就任董事長，廢除各分公司，將生產礦場單位改為直接隸屬總公司，設置紡織、礦冶機械、化工、營建四部。1953年工礦公司改組民營[54]，稱為工礦公司高雄磚廠。

　　在工礦公司時代，磚窯廠稱為工礦公司高雄磚廠。高雄磚廠乃是全臺規模最大之磚廠，民國四十年除了工礦公司所屬十餘座磚廠外，全臺大小民營磚廠共五百餘廠，年產量約一億二千萬塊左右，高雄磚廠四十年度的年產量為一千二百八十五萬塊左右[55]，幾占全臺磚產的百分之十。雖然在民國三十八年因幣制改革而使業務稍有停頓，但戰後復建工程，各地廠房、房屋之修建，對於紅磚之需求為數極鉅，因此磚廠的磚亦供不應求。而高雄磚廠當年還因太平洋戰爭時，磚窯廠後方因駐有日本海軍通訊隊，而遭到美軍炸毀第三號水泥煙囪，及四、五號的兩座八卦窯，僅使用三座八卦窯及一部分的濕式製磚機生產。至於日治時期乾壓機生產的TR磚則在戰後停產。

53　《唐榮五十年》，p. 241。

54　許雪姬編，《臺灣歷史辭典》，「臺灣工礦公司」條P. 1074。

55　臺灣省文獻委員會，《重修臺灣省通志》，卷四經濟志工業篇，「紅磚業環境」，P. 32。

Chapter4
4 唐榮鐵工廠時期的
磚窯廠

　　民國四十二年四月政府公布「實施耕者有其田臺灣省施行細則」，為臺灣省土地改革第三階段，同時為鼓勵重化工業、民營工業，同年臺泥、臺紙、工礦、農林四大公司開放民營，與「耕者有其田」互為配套，以公司股票向地主換取農地分配給耕農，地主將農地出售之價款，投資於工業建設，成了四大公司的股東。

　　四大公司移轉民營的實施方式不同，臺紙、臺泥採整售整營政策，地主持有股票為股東後，由股東選舉董監事，整個公司移轉民營。工礦、農林則採分售分營政策，即地主繳交各廠所估之同值股票，即可換取工廠。

　　工礦公司高雄磚廠以定價五百萬元標售五十三甲多土地（約十五萬坪）及四條磚窯，因當時市價估算約值三百萬，經幾次流標，無人願意購買。民國四十六年，唐榮鐵工場的唐傳宗先生著眼於磚窯廠所有，位於高雄市中心約五十餘甲之土地，未來土地增值

唐榮創辦人唐榮

唐榮之子唐傳宗

可待，在短時間內便向華南銀行暨第一銀行貸款五百萬新臺幣購得高雄磚廠[56]。

工礦公司高雄磚廠於民國四十六年三月二十五日移交唐榮鐵工廠，四月一日成立「唐榮鐵工廠股份有限公司高雄磚廠」，聘高順傳先生為廠長[57]。原先就工礦公司移交之四座窯燒製紅磚。

而因為太平洋戰爭遭受盟軍多次大規模轟炸，及日軍沉船於港內，導致高雄港幾成死港，打撈沉船及碼頭復建工程完成後，港口才見生機。繼之，高雄港「十二年擴建計畫」於民國四十七年開工，紅磚的需求量日殷。而唐榮磚窯廠以其優良的品質及位於城市的方便性，甚受顧客之歡迎。民國五十三年改屬省營事業的張耕山廠長接任後，修復被炸毀的水泥煙囪及4、5號八卦窯，高雄磚廠的產能大增，曾創下月燒三百萬塊磚的紀[58]，磚塊搶手程度之高，甚至連窯室尚未冷卻還高溫難耐時，就急著「搶窯」——搶窯的工人光著身子，只披著用水浸濕的麻袋，就衝往窯內搬運磚塊，還曾發生搶窯工人因高熱難耐，出窯後就往水池跳，而導致休克致死的慘事。等著載運磚塊的牛車，更是在工廠大排長龍。而從日治時期即以從事牛車運輸，從澎湖而來，聚居於磚窯廠宿舍旁的牛寮，人口數也急速的發展，部分從臺南縣北門的移民，也因磚窯廠的工作機會移住此地，而逐漸發展成今中都七里的社區。

---

56 許雪姬著《民營唐榮公司相關人物訪問記錄1940-1962》，p.214-216，中央研究院近代史研究所口述歷史叢書。

57 口述歷史，唐榮磚窯廠黃奇珍先生提供。

58 口述歷史，唐榮磚窯廠黃奇珍先生提供。

▲ 八七水災後壓製磚坯的機器間狼藉不堪／黃奇珍提供
▼ 八七水災讓磚窯廠停火／黃奇珍提供

經濟部接手唐榮鐵工廠

　　唐榮鐵工廠則因為從四十九年起為擴大工廠規模，以高利吸收民間資金，利息負擔沉重，再加上錯誤的土地投資，於四十九年下半年發生財務危機，無法支付利息，而導致債權人抗爭喧擾之社會事件，乃於四十九年十一月二十五日依「重要事業救濟令」，呈經濟部請求救濟，但未獲核准。經濟部另委託中華開發公司組成監查小組於十二月十四日起進駐唐榮，清查唐榮之資產及負債情形，監理唐榮財務，並繼續維持唐榮開工生產運轉。於五十年五月三十一日完成監查任務，六月二十九日成立唐榮公司救濟案處理小組，七月十七日正式接管唐榮，改組公司，經召開股東會辦理減資增資後，民股退出，省屬七家與唐榮有貸款關係之金融行庫成為唐榮新股東。處理小組於五十一年一月三十一日結束，並移交新公司，唐榮此後屬於公營事業機構[59]。

唐榮磚窯廠改燒耐火磚

　　唐榮改為公營後，磚窯廠仍以生產紅磚為主。磚仔窯景氣大好的年代，唐榮磚窯廠的員工待遇優渥，工廠對員工的福利亦甚重視，工廠內闢建籃球場等休閒娛樂設備，也間接促成中都地區的繁

八七水災受損的磚窯廠／黃奇珍提供

八七水災受損的八卦窯／黃奇珍提供

榮。而為了因應高雄附近逐漸增多的磚窯廠市場競爭，在張耕山廠長任內，開始研發高價位的空心紅磚外銷香港等地。

自五十四年起，高雄鋼鐵工業蓬勃發展，唐榮鐵工廠煉鋼鍋爐所需耐火材料，由大華公司、新高耐火工業、七星窯業、工礦耐火為業務往來廠商，但常受制於生產工廠的聯合控制及不合理的價格調整[60]，為使耐火材料不受廠商之控制，故自行研發以八卦窯設備燒製「低級造塊磚」，如定盤磚、套筒磚、眼子磚、取鍋磚等耐火材料供鋼鐵廠使用。耐火材料為可回收的資源產品，使用過的耐火磚只要將鐵渣敲掉，廢渣粉碎後即為熟料，耐火材料廠回收集存使用過耐火磚。其中低級造塊磚原料配合為（1）35％之廢磚渣（定盤磚）（2）25％之廢耐火磚（3）35％十八份黏土（4）5％苗栗土混合製造後為低級原料，在低溫約1230℃燒製。

民國五十六年以後，一則因紅磚市場競爭日益激烈，一則取土日益困難，成本高漲，而以燒紅磚的八卦窯燒耐火磚，不合格率高，品質不穩定，便在張耕山廠長籌畫下，拆除第一座八卦窯，另聘外國技師建造第一座倒焰窯，並研製爐壁、爐蓋、取鍋等各種高級耐火磚。至六十年間馬毓城廠長時又拆2、6號八卦窯，建蓋生產量一百噸的倒焰窯三座。陸續增置壓坯機、粉碎機，陸續拆除2、6號兩座八卦窯，整理為原料廠及乾燥場。自六十一年起，磚廠朝耐火磚方向發展，紅磚生產成了副產品，僅供燒耐火磚墊底公司本身工程之用，到了民國六十四年紅磚僅年產四十萬塊。

轉型為耐火材料生產的磚廠，在耐火材料的研發上亦有突破，高鋁質料原係以其他各種配合，經研究室實驗後，採用廢鋁灰直接代替，不僅含鋁氧成分甚多，成本又低廉，以後其他耐火磚廠亦多仿效使用。六十三年因營運績效優異，提昇為二級廠。並陸續增添設備，所需的高級原料如氧化鎂、鉻礦石、水鋁石為進口礦產。

59　《唐榮五十年》，〈第三篇現有生產單位沿革及設備概況〉。

60　《唐榮公司復興意見第二集》，53年，唐榮總工程室技術員陳豐榮。

民國六十八年新建八十公尺長之新式隧道窯，包括乾燥窯及一座應備之附屬設施完成，以軌道運輸，從濕坯烘乾、燒製、冷卻，一貫作業完成，並朝向高級耐火材料腊石質磚及爐壁磚發展。設有四條生產線，為臺灣四大耐火材料製造廠之一（唐榮、大華、新高、七星）。並與日本播磨公司技術合作，先後派遣技術人員赴日研習，也邀請日本技師臨廠技術指導，生產高矽質磚、黏土質磚、高鋁質磚、鹼性磚、鋯質眼子磚、不定型材料等六項。增設高溫膨脹裝置、耐火度試驗機、高溫爐、侵蝕試驗爐化驗，充實研究室設備，研發腊石質盛鋼桶磚、不定形耐火材。七十一年重點發展中鋼公司所需之高鋁質磚（魚雷車磚），但因進口原料成本甚高，銷售價格比中鋼公司向國外採購還高而未生產。

　　磚廠所生產的極高耐溫、耐火材料銷售對象，除了供應唐榮的不鏽鋼廠、鋼鐵廠，尚供應中鋼、臺機、臺糖、屏東紙廠、硫酸錏

建造倒焰窯／黃奇珍提供

高雄廠、亞洲製鋼廠、臺鋁等。中鋼公司所需的高鋁磚、鋯質磚、鋯質可鑄性耐火泥等耐火材料，以及不定型耐火材料高爐前爐渣流道之搗固材，均由唐榮耐火材料廠提供。

六十九年磚廠易名耐火材料廠，七十四年三月復因精簡公司組織，裁撤大批員工，將屬二級廠（獨立財務會計作業）的耐火材料廠併入不鏽鋼廠，為不鏽鋼廠耐火材料工場，仍繼續燒製耐火材料。

停產後的唐榮磚窯廠

唐榮磚窯廠的生產，在臺灣經濟起飛的五、六〇年代，曾為唐榮公司創造了甚高的利潤。但近一、二十年來新式建材的發展、高漲的工資，以及環保意識的覺醒，政府開始實施空氣污染防制的重罰政策。位於高雄市中心，燃燒重油的唐榮磚窯廠終不敵時代的潮流，隧道窯開始量產後，因為製程大多機器操作，人工需求不似紅磚，七十四年大量裁員，員工僅剩約五十多人，大批磚仔窯做工人離開了一輩子賴以生活的工作場所。八十一年併入不鏽鋼廠的耐火材料廠停產，曾經日以繼夜冒著濃煙燒窯的大煙囪終於熄火停產。廠房雖不再生產，但辦公室仍持續使用，直到九十一年八月員工才撤離。唐榮磚廠長歷任廠長為高順傳（46-53）、張耕山（53.9.10-59.10.6）、馬毓城（59.10.6-67.4.16）、陳發熹（兼，67.4.16-68.12.16）、邱南雄（68.12.16-74.2）。併入不鏽鋼廠廠長後為陳發熹（69.6.10-79.10.1.）、朱繼聖（79.10.1-81）

廣達六十六公頃，淹沒在荒煙漫草的磚窯廠廢棄廠房，引起中都地區居民甚多的怨言，認為兩根大煙囪像兩把劍，鎮住了中都地區繁榮的龍脈，即便當地居民是因磚場所提供的就業機會而來。而唐榮鐵工廠更因本身鉅額的貸款與經營業績的壓力，亟欲處理被視為閒置資產的磚窯廠。欲以變更都市計畫的方式，將原為工業區的土地，變更為住商特定區，將廠房拆除後，做商業大樓的開發等用途。

修復後的紅磚事務所 / 許玲齡提供

5 唐榮磚窯廠被指定為市定古蹟 61

在廠區內舉行鋼雕藝術節／許玲齡提供

61 九十三年六月通過內政部國家古蹟審查。

62 臺灣煉瓦株式會社在全臺各地的磚窯廠大致已拆除殆盡，附圖為各地磚窯廠現況。

　　唐榮磚窯廠的建物，雖分成好幾期的建築，日治時期遠從德國請來技師建造，一塊塊清水磚以平英式砌磚法（Plain English Bond即一皮順磚，一皮丁磚，磚縫需上下左右一致，豎縫、橫縫需平整，不得超過十五公釐或小於八公釐）堆疊而成，甚具線條結構美感的大煙囪及臺灣規模最大的八卦窯目前保存情況甚為良好，其建築結構及施工均為上乘之作。置身其間，從磚拱窯門透入的光影，可感受夢幻光影的紅磚魅力。斑駁的紅磚建築更見歲月的沉澱而具歷史感，如此已經將近九十年的建物，不只是高雄最早的磚窯廠，廠內的八卦窯更是臺灣唯一現存最早的八卦窯[62]。它提供了高雄建設所需的建材，也見證了高雄的發展。更珍貴的是，唐榮磚窯廠的八卦窯、倒焰窯、隧道窯完整的呈現了製磚業生產變革與現代化過程。

▲ 修護八卦窯在窯內利用鋼構強化窯體結構 / 許玲齡提供
▼ 夜間打上燈光的紅磚事務所 / 許玲齡提供

窯業的年代雖久遠，但是窯的變革歷史卻很短，從目仔窯到蒸籠窯、八卦窯、半自動的倒焰窯、全自動的隧道窯，只不過大約百年的時間。全臺灣也只有唐榮磚窯廠，同時保存了八卦窯、倒焰窯、隧道窯。唯殊為可惜的是唐榮鐵工廠為執行經濟部閒置資產處理政策，將磚窯廠內自動式300噸型、500噸型壓坯機各一臺、熱膨脹試驗機一臺、高溫爐一臺、水冷式鑽石切磚機一臺、粉碎成型及其他附屬機械共二十八臺，於九十一年全數以廢鐵標售拆除殆盡，倒焰窯、隧道窯相關的金屬設備也悉數拆除，只留下各個窯體建築物。

文化愛河協會從民國九十一年九月，即與高雄文史生態社團為保留這臺灣僅存最早的八卦窯廠四處奔走呼籲。九十二年文化局成立後，文化愛河協會提出確切文史資料向文化局申請列為古蹟。經史料審查及現場會勘後，於二月十四日召開古蹟審查委員會，文化愛河協會由理事長許玲齡列席報告磚窯廠的歷史發展脈絡，並力陳磚窯廠應以工業文化資產遺跡列為古蹟。經古蹟審查委員會出席委員一致通過唐榮磚窯廠的八卦窯、兩座磚造煙囪、三座倒焰窯、實驗窯、隧道窯、日治時期磚造事務所等九處為市定古蹟，一座倒焰窯為歷史建築，並界定三民區中都三小段九十二及十七地號為古蹟涵蓋範圍。高雄市文化局於九十二年十二月向內政部申請列為國家古蹟，九十三年六月五日召開「臺灣煉瓦株式會社打狗工場——國家古蹟審查會議」通過內政部國家古蹟審查，由市定古蹟提昇為國家古蹟。高雄市政府都發局在磚窯廠所在的中都工業區變更都市計畫中，亦規劃約2.2公頃為保存區，為高雄市首例「國定古蹟」。目前高雄市文化局委託成大研究發展基金會，就九處國定古蹟建築本體，進行調查研究及修護計畫。以唐榮磚窯廠工業遺跡為保存對象的古蹟建築群，經過確實修護且在配合文化園區與愛河沿岸景觀規劃，將高雄城市及磚窯產業工業遺跡發展的歷史軌跡風華再現。

修復後的紅磚事務所／許玲齡提供

市定古蹟公告概要

公告內容（市定古蹟公告）

一、名稱：高雄市市定古蹟臺灣煉瓦株式會社打狗工廠（中都唐
　　榮磚窯廠）

二、類別：工業遺跡

三、位置：高雄市三民區中華橫路220號

四、涵蓋範圍：八卦窯一座、煙囪二座（磚造南煙囪及北煙
　　囪）、隧道窯（含鐵道）一座、倒焰窯三座、實驗窯一座
　　（三民區中都三小段九十二地號）及紅磚事務所一棟（三民
　　區中都三小段十七地號）

五、公告日期：中華民國九十二年四月十六日

發文字號：高市府文二字第09200208983號

綠美化後的磚窯／許玲齡提供

Chapter4

6 磚仔窯人的故事

　　日治初期，鮫島煉瓦在三塊厝西郊建窯燒磚，製磚從取土、練土、切磚、修磚、搬風架、曬磚、入窯、燒窯、出窯、運送，在在需要人工。遠從澎湖離鄉背井到打狗謀生計的鄉親，因為在磚仔窯有工可做，生活不成問題，磚仔窯又提供工寮居住，一家大小就落腳在三塊厝郊的磚仔窯了，磚仔窯缺人手時，也會呼朋引伴招澎湖的鄉親一起來，磚仔窯的工寮（今九如陸橋東側），大多是澎湖的鄉親們。。

　　在磚仔窯落地生根後，澎湖的鄉親們在磚仔窯的工寮附近（今九如陸橋紅綠燈處）蓋了「開王殿」，供奉觀音佛祖——磚仔窯人都尊稱「三媽」及五府千歲。日治時期開王殿是磚窯廠附近做工仔人的精神寄託，當年有乩童可問事，磚仔窯人大大小小的代誌，從感冒病痛、心神不寧，甚至工廠生產等任何難解之事，都會來向「三媽」虔誠拜拜請問，「三媽」有求必應，乩童會派藥單，也會指示解決的辦法，非常靈驗，因此信徒日眾，不只是磚仔窯的人虔誠信仰，外地人信徒也甚多。唐榮鐵工廠買下工礦時期的磚窯廠，從交接時即任職於磚窯廠，一直做到退休的黃奇珍老先生，曾提及從前陪信仰基督教的高雄市高階警察來請示懸而未破的疑案，而陪同前去的黃奇珍當時正為磚仔窯的工安事件心神不寧，也跟著請示，「三媽」乩身即一語道破迷障，並且出示解決的辦法，可知「三媽」的神威遠播。

　　磚仔窯人最津津樂道的是「三媽」顯神蹟。話說1926年，磚仔窯北邊駐有日本海軍通信隊營區，當地人稱「無線電指揮所」，也因此太平洋戰爭期間遭受盟軍轟炸，磚仔窯也遭受池魚之殃，炸彈如雨點般落下，有磚仔窯人親眼目睹一婦人兜起裙角，將炸彈悉數攏入衣裙內，雖然盟軍轟炸激烈，但奇蹟似的磚仔窯人逃過空襲的劫數，沒什麼傷亡，工廠也只有水泥煙囪及4號、5號八卦窯毀損，川東里的李明海里長說：從小就常聽磚仔窯的老一輩們談這段「三媽」的神蹟。

開王殿拜殿／許玲齡提供

　　民國三十六年搬遷至同盟三路184號現址，位於磚窯廠的後面，當年磚仔窯廠區並未設圍牆，磚仔窯人來開王殿參拜甚為方便。每逢農曆六月十二日五府千歲祭典、六月十五日觀音佛祖聖誕，開王殿舉辦隆重的祭典，磚仔窯人也都會準備豐盛的祭品來拜拜，並表演布袋戲或歌仔戲熱鬧好幾天。被燻得烏黑油亮的正殿，見證了當年鼎盛的香火。後來唐榮將廠房圍起圍牆，開王殿在廠房的圍牆外，進出不是那麼方便，再加上管理的問題，近一、二十年來開王殿逐漸式微，也不再有乩童可問事。目前只有約二十人左右的老信徒自組團體，每人每月固定繳三百元基金，用於每年六月十五日來開王殿辦桌拜拜、放映電影慶祝。老磚仔窯人黃佛罩雖然已搬離磚仔窯的工寮，至今每天下午還是過來開王殿拜拜，見見老朋友、聊聊天。開王殿廟旁參天的老榕樹後邊，則是以往磚窯廠鋪設輕軌道，到漯仔底取土的黑臺車及所飼養牛隻的歇息站。

燒窯師傅蔡爽代

　　提起一生燒窯的「火紅」歲月，尤其是磚窯業鼎盛的年代，年近八十高齡的燒窯老師傅蔡爽代，清　的臉孔露出了得意的笑容。

　　1925年出生於嘉義的蔡爽代，隨著父親在臺灣煉瓦株式會社高雄磚場擔燒窯煤炭的工作，因此便搬到高雄來。起初他並未在磚仔窯工作，先是到岡山當海軍工員，戰後又到嘉義工作，因為受日本教育，不會講國語而被要求講國語時，只好離職回到磚仔窯而開始學習燒八卦窯的生涯。

蔡爽代學燒窯就從八卦窯開始。在磚仔窯工作的人都稱八卦窯為「大窯」。一塊磚從取土到燒製成磚塊，歷經好幾道步驟。在日治時期的臺灣煉瓦到唐榮磚窯廠，工序大致都是如此：在工廠後方及漯仔底取土、牽牛拉臺車運回、倒土、加水攪拌、扒土入製土條的機器、切磚、送風架風乾、修飾磚坯、送八卦窯疊磚、擔煤炭至窯頂、燒窯、開窯出磚。每個部門都有包頭，包頭估算每天磚塊的生產量點工。磚塊生產是勞力密集的行業，在磚仔窯做工的人非常多，都是屬於粗工，不需要專業訓練，只有排窯及燒窯需要專業的師傅，尤其是燒窯。以往學燒窯就是跟在師傅身旁，老師傅帶徒弟一步一步放功夫，燒窯都是教經驗，做徒弟不但要肯學，還得反應機靈。而且燒窯師傅既是專業，酬勞較高，為了肥水不落外人田，大多是父傳子或女婿或親戚等。

八卦窯燒火是從窯頂的投煤口投煤炭，有專門擔煤炭工將粉煤擔到窯頂。八卦窯蓋好，開始要燒磚之前，一定要舉辦隆重的「起火」拜拜儀式，蔡爽代說「每次起火拜拜都要花好幾萬元，很熱鬧，磚仔窯的囝仔都會來湊熱鬧分糖果。起火後就一直燒沒有歇息，只有碰上很大的颱風，或是下好久的雨使其沒辦法製磚入窯才停火，過年也沒放假，一年三百六十五天，天天都要燒。」蔡爽代說他在唐榮燒窯好幾十年，也才碰上約五次的「起火」拜拜。

燒八卦窯大多是師徒兩人十二小時分兩班輪流燒。燒火時不只要會看火色，經驗老到的師傅在磚塊入窯疊磚時，就會先看磚的土質，如果都是黏土，土質細密緊實，燒窯時磚會實較多，如果含砂量高則摸起來較粗，磚塊比較不會縮，但是比較ㄆㄚˋ（虛脆），磚較易裂。燒窯的師傅在窯頂投燃料，不只憑經驗從投燃料的小洞口目測磚的火色，也都自備測尺寸的「祕密武器」呢！

燒窯師傅在磚仔窯內地位最高了。磚窯廠的老闆都非常禮遇燒窯師傅，燒窯師傅一般都是跟廠方聲明每月燒磚塊基本數，若超過了還有獎金可拿，另外若燒窯功夫好，還可領節省的煤炭錢呢！而且戰後復建工程進行，再加上經濟起飛，建築業景氣好，磚塊的需

求量大，到處都在蓋磚窯廠，專業的燒窯師傅更是搶手，磚窯廠的經營者都以高薪或高分紅挖角，經驗豐富的師傅當時真的是走路有風，吃香喝辣的那更不用說了，蔡爽代提起當年的風光歲月可真意氣風發。不過燒窯師傅如果經驗不足，火侯控制不佳，譬如經常燒過火、磚塊都黏在一起，敲也敲不開，叫做「○薯」，根本沒辦法賣錢，也沒磚塊交給客戶；或者磚塊黑成一片，叫「火頭磚」；或者火侯不足，磚塊白白的，賣價不高，老闆也會請人走路的。

燒窯的師傅經常也會受聘到處燒窯，蔡爽代也曾到過板橋、松山、鳳山等地，臺塑集團的龍頭王永慶早期是工礦公司高雄磚廠廠長，蔡爽代說：「王永慶把嘉義、松山、板橋的磚仔窯買下，也請我去板橋燒窯，後來是高雄磚窯廠的廠長張耕山去板橋找我回高雄做。」甚至馬來西亞的磚窯廠也想聘請蔡爽代去燒窯，真的是名聲透四海呢！不過蔡爽代說：「馬來西亞燒橡膠的，我不會。」再回來唐榮磚仔窯時，已在八卦窯內燒可隔熱的空心磚外銷香港，空心磚賣價較高，是張耕山廠長開發的新產品，燒窯更需要控制火侯技術了。

回憶起往昔的燒窯歲月，蔡爽代感嘆賺的是艱苦錢。一年三百六十五天，天天守在八卦窯頂，冬天還好能穿個薄衫即可，但夏天可真酷熱難當，窯頂鐵皮屋的熱氣與腳下窯的熱度，可真如置身蒸籠，尤其是磚塊搶手，趕著燒窯時更甚。體貼的廠方都會準備黑糖水讓他們解熱預防中暑。而若煙道阻塞，影響到火勢，再怎麼高溫難耐，也得鑽進狹窄的通道清除，控制通風火勢，重達一百多斤生鐵鑄的風鼎若壞掉，也得下去通風道換。

民國五、六〇年代是磚窯業最風光的時機，各地磚窯廠林立。當午磚塊搶手到窯還未完全冷卻就有人開窯搶搬磚塊，此舉叫「搶窯」。窯門一開，火花還霹靂啪啦四濺，搶窯的工人不穿衣服，頭上及腰部圍著浸水的粗麻袋衝進窯內快速的搬磚塊，張耕山廠長也曾經想幫忙搶窯，穿著汗衫短褲、戴著斗笠，才走到窯門口，斗笠就著火燒起來，嚇得張耕山廠長拔腿就跑。而搶窯的工人也因酷熱

難耐，搶窯後都會迫不及待跳入廠內的水池解熱，也因此才曾發生休克暴斃的事情呢！

老磚窯人黃佛棹

　　每天午後，老磚窯人黃佛棹總是會到磚仔窯後的開王殿走走，向開王殿供奉的觀音佛祖頂禮後，見見老朋友、聊聊社會事，悠哉的消磨一個下午。只要提起在磚仔窯的工作過往，以及磚仔窯的整個概況，黃佛棹總是精神抖擻的講個不停。

　　黃佛棹，1933年（民國二十二年次）出生於磚仔窯工寮（今九如陸橋旁），父母親在故鄉澎湖菜園生了黃佛棹大哥，一歲多時，從澎湖渡海到打狗，母親就在磚仔窯打雜工，父親則四處做工。黃佛棹八歲多時，父親就在屏東過世，家裡大大小小八個孩子，母親肚裡還懷著小弟，生活的困窘與艱辛隨之而來，母親要拉拔這一大群孩子確實辛苦，只好把姊姊送人撫養。幸好磚仔窯的工作，讓一家還可有個溫飽。排行四男的黃佛棹從小就隨著母親到磚仔窯做囝仔工，主要是做磚坯的「習阿給（修飾）」工作。製磚的土條切成磚塊後，剛切好的磚塊太潮濕柔軟，不能馬上進行修飾，要先送到風架陰乾約六、七天後，等磚坯已稍微乾燥，再以木板拍打磚坯，讓磚塊形狀方正、線條平直、磚面結實平滑，並用鐵片將切磚時不平整的表面修齊，燒出來的磚才品相完好，工資則以「間」（以風架的兩根柱子為一間）計算。

　　稍長，做過翻土的工作，製磚的土以臺車運進來後，卸在土坑，必須加水攪拌翻土。往昔磚仔窯為了取土，架設輕軌道越過愛河到潺仔底（今婦幼醫院到農十六一帶），以牛拖拉裝土的臺車，他也曾經去做過牽牛的工作。一塊磚的燒成，從取土、吊臺車、牽牛、翻土、製土條、切磚、進風架、修飾、排窯、挑煤炭、燒窯、出窯等，幾乎磚仔窯各個部門的工作黃佛棹都曾經做過。

　　二十多歲成家後，他的岳父就是燒窯師傅蔡清安（燒窯師傅蔡爽代即是蔡清安的弟弟）。蔡清安原本是負責擔煤炭的工人，雖然

沒有正式拜師學燒窯，但是觀察敏銳、機靈又肯用心，竟然也學了一身燒窯的撇步。蔡清安丈人看女婿，越看越滿意，因此就開始叫黃佛棹燒窯，丈人女婿一組，在高順傳廠長的年代，成為了燒窯的搭檔。原本燒6號窯，後來又調至3號窯，就是現在保存下來，且被指定為國家古蹟的八卦窯。3號窯在磚仔窯有六座八卦窯，規模最大，一共有二十二間窯室，同時也最為難燒。但是黃佛棹很驕傲的說：當年他們開始燒3號窯時，由於之前3號窯的燒成率並不好，起初大家也抱著看熱鬧的心情，不認為他們會成功，他和岳丈兩人仔細研究燒法，及排窯時磚塊堆疊的技巧，尤其在前後兩頭成扇形展開的窯室，進行磚塊的特殊排法，終於達成了每個月出窯六十五到七十萬塊的目標，而且不只可領超出數量出窯的磚塊獎金，還因為燒火的技術高超，控制燃料得宜，每個月還可多領節省煤炭的獎金呢！

磚仔窯不燒紅磚改燒耐火磚後，黃佛棹也離開了磚仔窯，先是到鐵路局擔任搬運工，但是因為不識字，加上不願走後門而致升遷無望，便離開了鐵路局到處做雜工。後來，當年以「補克寧」聞名的優勝牌藥廠少束聘請他擔任工廠管理員，直到藥廠結束營運，才離開職場。

在開王殿閒坐，看著曾經仰賴著生活的磚仔窯兩根大煙囪，黃佛棹最大的心願是希望將來有人將磚仔窯的一切詳細紀錄。因此當他看到文化愛河協會出版的《磚仔窯的故事》時甚為感動，且興奮激動的對到訪的朋友述說製磚的流程，以及磚仔窯內六座八卦窯及三根大煙囪位置、機器房的配置及設備，甚至3號八卦窯內自行研究出的疊磚的祕訣，將他繫念最深的的磚仔窯人經驗，如數家珍的娓娓道來。

川東里里長李明海

「我從小學三、四年級起，每天上學前，要先到漯仔底幫阮阿母挖製磚的土，天還沒光，包（工）頭就來敲工寮宿舍的門，挖到七點左右，回到家洗淨身軀才上學。做囝仔工沒工資領，主要是幫阿母做，我多挖一點土，阮阿母就少挖一點土。」

祖籍澎湖的川東里里長李明海，出生於九如路工寮的宿舍，就是目前川東里服務處。父母親從澎湖渡海至打狗時，起先在他處做雜工，後來母親到磚仔窯挖土，貼心懂事的李明海，從唸國小三年級起，每天天未亮跟著阿母到漯仔底挖土。讀國中時，磚仔窯已不燒紅磚，不需挖土，改燒倒焰窯，因李明海的哥哥在燒倒焰窯，就改在倒焰窯打工。服完兵役後，先到臺北做高架橋的工作，民國六十八年才回到高雄。進唐榮磚窯廠時，當時隧道窯正開始施工。

隧道窯從施工到生產耐火材料，李明海可說全程親臨期間。而當時工廠製造各式耐火材料的設備也算最先進，李明海負責操控三百噸的壓磚機器，對於隧道窯的生產流程瞭若指掌。

八卦窯不燒紅磚後，曾改燒低溫（約八、九百度）的耐火磚等，隧道窯開始量產後，因為製程大多機器操作，人工需求不似紅磚，七十四年大量裁員，員工僅剩約五十多人，大批磚仔窯做工人離開了一輩子賴以維生的工作場所。八十一年因為唐榮鐵工廠縮編公司組織，併入不鏽鋼廠的耐火材料廠停產，李明海考入了不鏽鋼廠擔任駕駛堆高機的工作，一直到九十一年為了競選川東里里長而辦理資遣。熱心公共事務的李明海，第一次出馬競選就打敗老里長。不過，李明海苦笑著說：「在唐榮工作，按時上下班，待遇比里長高還有固定的休假，當里長，不只紅白包應酬多，而且全年無休，工作的時間真的是SEVEN-ELEVEN，二十四小時服務呢！」

從小在磚仔窯長大的李明海，他的里民大多數為磚仔窯的老員工，他對於這些長輩的服務也無微不至。從各樣社會福利申請、表格填寫等，甚至當唐榮打官司告這些退休的員工侵占土地時，他也要折衝其間，盡量為他們爭取較有利的條件。

對磚仔窯，李明海有說不出的深厚情感，在磚仔窯保存運動中，從默默旁觀到積極配合，例如前文建會主委陳郁秀到磚仔窯視察時，唐榮公司囑託他代為整理場地，也一切順利妥當。磚仔窯被列為國家古蹟他深感欣慰，而文化局委託成大研究發展基金會從事磚仔窯的調查研究及修復計畫時，更提供給文化愛河協會有關隧道窯生產流程寶貴的實務經驗，詳細解說隧道窯的燒製流程及隧道窯的結構，讓調查工作順利進行。不過對於唐榮公司放任磚窯廠遼闊的園區荒廢而不處理，他也非常不滿，曾經聯合中都地區力行里里長李水池、德西里里長林財旺等，向市長陳情，希望藉由市府公權力，早日進行中都磚窯廠附近工業區公辦重劃，讓這片荒煙蔓草的工業地能蛻變為嶄新的面目，而磚仔窯的古蹟文化園區應盡早規劃開發。他也一直呼籲要趕快爭取經費，將八卦窯的屋頂列為優先整修，否則破損的鐵皮屋頂於雨季來臨時，雨水若直接灌注到八卦窯，將會嚴重影響到八卦窯窯體的結構。

推動老煙囪風華再現的心路歷程

工業遺址之願景

　　位於高雄市的LOGO——愛河中游中都地區的唐榮磚窰廠，於民國九十四年三月十一日經內政部民字第0940002943號公告：以工業遺址列為國家古蹟。從民國九十一年九月，高雄市文化愛河協會向高雄市政府公部門，包括工務局、都發局、文化局提出唐榮中都磚窰廠列為古蹟保存的呼籲；九十二年二月通過高雄市古蹟審查，四月十六日公告，列為高雄市定古蹟，到九十三年六月通過內政部國家古蹟審查，九十四年三月公告為國家古蹟，唐榮中磚窰廠遂成為高雄市第二座國家古蹟，亦是高雄市改制院轄市後，以文化資產保存法的工業遺址通過的第一座國家古蹟。

　　從一座被業主視為閒置荒廢、毫無生產經濟價值，欲拆除而快之，以實現數目龐大的土地利潤，到呼籲保存推動，在短短的兩年半內，被指定為國家古蹟，不可謂不順利。忝為古蹟保存呼籲推動發起人，兩年內深入研究、搜尋磚窰廠文史資料，做磚仔窰人口述歷史紀錄，建構唐榮磚窰廠的整體發展脈絡，以求磚窰廠被指定為國家古蹟所謂的獨特性（全臺唯有唐榮磚窰廠同時保有八卦窰、倒焰窰、隧道窰）、稀少性（即為臺灣現存最早的八卦窰）、完整性（不論是八卦窰、倒焰窰、隧道窰等，建築本體均保持完整），明確定位的完整資料，同時還得與社區反對意見領袖周旋溝通，取得社區居民對磚窰廠被指定為古蹟之意義及將來對社區發展的願景認同，其中檯面下運作的的過程，僅以波濤洶湧堪可形容，這一路走過的心路歷程，可真是點滴在心頭。

推動保存經過

　　中都磚窰廠從文獻資料記載，是高雄市的第一座磚仔窰。早期高雄在地的文史工作者亦曾向民政局（負責古蹟業務者）提出列為

古蹟，卻皆未成事。磚窯廠的業主－唐榮鐵工廠，因鉅額貸款背負的沉重利息負擔，與執行國營事業民營化的時間壓力，從民國七十四年燒製紅磚及耐火材料的倒焰窯不再生產後，積極處理位於市中心，廣達六十六公頃仍屬於工業用地被視為閒置資產的磚窯廠。欲以都市變更計畫的方式，把原為工業區的土地，變更為住商特定區，將廠房拆除後，做商業大樓的開發等用途。從七十四年起，多次提出都市計畫變更申請。高市府亦同意此地都市計畫之變更，因工廠所在地正是高雄市中心位置，在愛河下游區域建設開發已趨飽和，此地空曠而未開發，將來的發展甚具潛力。但因規劃等問題，都市變更計畫延宕無進展。怠至九十年因執行民營化的期限，又根據市府之建議，提出修改之規劃，以求能快速通過都市變更計畫。

　　是時，臺灣濕地聯盟高雄分會為復育凌波鳥——水雉，欲爭取磚窯廠北邊原為取土製磚挖地而成的魚池，營造為高雄第一塊水雉復育區，與文化愛河協會聯合，共同爭取磚窯廠建築物保存為古蹟，工廠沿愛河邊之環境營造為濕地公園。因為唐榮磚窯廠的都市計畫審議案迫在眉睫，只好先向工務局提出保存古蹟，都市計畫案應重新規劃之申請，並請工務局長林欽榮赴唐榮磚窯廠內現場會勘。林局長實地踏勘唐榮，即刻要求都發處對唐榮申請的都市計畫變更案應作修改，並建議以「左公一」為濕地公園，即今之洲仔濕地。但到了十一月，都發處又成立為都發局，局長為吳孟德。經拜訪吳局長，詢問有關後續之都市計畫詳情，吳局長以必須通過古蹟保存，才願意後續規劃配合而無功而返。

　　九十二年文化局正式成立，局長管碧玲。文化局尚人馬倥傯，文化愛河協會一月初即推動保存呼籲，聯合高雄數十個社團連署的申請輸送，請管局長要求召開古蹟審查委員會。經二月十四日召開古蹟審查委員會現場會勘，並經會議討論後，由出席古蹟審查委員全體一致通過列為市定古蹟。九十二年底，文化局向內政部申請，

於九十三年六月內政部古蹟審查委員現場多次會勘，召開古蹟審查會議，文化愛河協會列席報告，以工業遺址指定八卦窯、南、北煙囪、三座倒焰窯、一座實驗窯、一座隧道窯及紅磚事務所，共九處列為國家古蹟。

有效的推動策略

（1）廣邀高雄市各領域民間社團連署，結集民間對古蹟的關注與團結力量展現，如濕地聯盟、柴山會、高雄市建築師公會、舊城文化協會、鹽埕文化協會、文化導覽協會等。

（2）提出確切的史料，以及磚窯廠在城市發展脈絡上的意義：如高雄港現代化築港工程。高雄從漁村轉型為都會，城市建設建材的提供者，見證了城市的發展。而後期耐火材料的生產，提供重工業之用，更是呼應了鋼鐵產業的發展歷程。而八卦窯、倒焰窯、隧道窯，為近百年來窯業的演進史，唐榮同時保有這三種窯，為全臺唯一，在磚窯業的產業演進史之展現更具意義。在建築美學上，清水磚造工法，更見早期磚造工藝嚴謹的施工與線條美感。

遭遇的困難

（1）社區里長的反對；私人利益與對古蹟認知的薄弱。社區開發與指定為古蹟的衝突，認為兩根大煙囪圖像兩把劍，鎮住了中都地區繁榮的龍脈。動輒以煙囪年代久遠不牢固為理由，反對保存，並認為此地開發應建購物商場、遊樂區、大樓建物等才能促進繁榮。

（2）唐榮公司：對磚窯廠的古蹟認知薄弱、公營事業的盈餘績效要求、執行民營化的時間壓力、劃定為古蹟後面臨的經營問題，及民營化後影響股東權益的因素。

（3）指定為古蹟後的困境：磚廠相關文史資料的搜尋不易，日治時

期初創的鮫島煉瓦打狗工廠，到臺灣規模最大的臺灣煉瓦高雄工場、工礦接手的工礦公司高雄磚廠，唐榮鐵工場購買後，民營時期的唐榮鐵工場高雄磚廠等文獻資料、檔案等相關的文件可說蕩然無存。而公營事業期間至關廠的民國八十一年資料，移轉於不鏽鋼廠，多次尋訪，唐榮總以資料尋找麻煩或可能未保留等理由搪塞。磚窯業在臺灣於民國七〇年代因為原料（取土）、燃料（煤炭、重油）、人工成本調漲、勞工意識興起、勞動意願薄弱、環保抗爭、土地飆漲等總總因素而成為幾成絕響的夕陽工業，老一輩的燒窯、排窯師傅逐漸凋零，磚窯業的專業將成絕響。訪談記錄不易、耗費時力甚多。

指定為古蹟後的現況

（1）唐榮鐵工廠以現今公司精簡員工，無法派駐工廠巡視為由，原委託居於附近的舊員工就近看管巡視，但現因唐榮欲收回被磚窯廠老員工占住的工寮等違章而關係緊張，目前便成放任不管的情勢。任由遊民進出，且因鋼品價格高漲，工廠內可拆除的鐵件附件幾已被偷光。

（2）文化局於九十二年委託成大建築系進行中都唐榮磚窯廠的調查研究及修復計畫，目前已完成，並即將進行第一階段的整修。

（3）中都社區居民大部分為早期到磚窯廠做工的「磚仔窯人」，為讓中都社區的居民，能凝聚曾經賴以維生的磚窯廠被指定為古蹟的情感，並能與將來規劃為保存區的整體環境等配合，文化愛河協會以中都進行新故鄉社造工作，除了進行口述歷史採訪、記錄社區與磚窯廠的文史發展脈絡、發行社區報，並舉辦「中都磚窯廠願景再造」規劃徵圖競賽。

（4）高雄市政府為美化唐榮磚窯廠附近環境，減少治安死角，將與唐榮公司合作，將工廠之圍牆拆除，設計民眾可步行之景觀木棧步道，並將磚廠之空地美化，將來這座古蹟修復時，可作為觀測欣賞之用。

國家圖書館出版品預行編目資料

太子爺興外境：神威遠播三鳳宮 / 高雄市文化愛河協會
許玲齡著. -- 初版. -- 高雄市：高市史博館；臺中市：晨星，
2016.12　面；　公分
ISBN 978-986-05-1095-9(平裝)

1. 人文地理 2. 高雄市三民區

733.9/131.9/101.4　　105023185

太子爺興外境——神威遠播三鳳宮 尋找老三民的足跡

作　　者　高雄市文化愛河協會　許玲齡
審查委員　林茂賢、黃文博
策劃督導　曾宏民
策劃執行　李旭騏、鄭昀青、王興安

高雄文史采風編輯委員會
召 集 人　吳密察
委　　員　李文環、陳計堯、楊仙妃、劉靜貞、謝貴文（依姓氏筆劃）

發 行 人　楊仙妃
出版發行　高雄市立歷史博物館
地　　址　803高雄市鹽埕區河西路99號3F
電　　話　07-531-2560
傳　　真　07-531-9644
網　　址　http://khm.gov.tw

共同出版　晨星出版有限公司
地　　址　407台中市工業區30路1號
電　　話　04-2359-5820
傳　　真　04-2355-0581
網　　址　http://www.morningstar.com.tw
郵政劃撥　22326758（晨星出版有限公司）
法律顧問　陳思成律師
登 記 證　新聞局版台業字第2500號

執行編輯　胡文青
拉頁地圖　林育資
校　　對　陳伶瑜
美術編輯　賴怡君
封面設計　查理陳

出版日期　2016年12月初版一刷
定　　價　新台幣380元整
ISBN：978-986-05-1095-9（平裝）
GPN：1010502744